표현의 자유와 헌법

문종대 지음

신아사

서문

표현의 자유는 무엇인가? 누구나 대답할 수 있는 질문이지만 대답은 가지각색이다. 똑같은 단어를 사용한다고 해서 모두 똑같은 의미를 갖는것은 아니다. 표현자유에 대한 개념 정의없이 표현자유의 구체적 내용들을 정의하기 어렵다. 따라서 표현자유에 대한 개념 정의로부터 논의를 시작할 필요가 있다. 개념 정의가 이루어지면 그 개념으로부터 표현의 자유를 구성하는 내용들을 끌어내기는 쉽다. 개념으로부터 그 구체적 내용을 끌어내고, 그 내용으로 다시 개념을 재구성하는 순환과정이 필요하다.

헌법이 보호하고자 하는 표현자유가 무엇인지 확정하기 어렵다. 표현의 자유보장은 표현의 자유를 침해하려는 사람들에게 부과된 금지에 의해 가능하다. 헌법21조는 표현의 자유를 보장하고 있다. 그렇다고 표현 자유를 개념정의하고 있지는 않다. 다만 표현의 자유를 제한할 수 있는 헌법규정을 두고 있다.

헌법에 규정된 제한 규정을 위반하지 않는 범위내에서 자유롭다는 것이다. 따라서 헌법에 규정된 제한 내용들을 중심으로 표현의 자유를 살펴보는 것은 매우 유용한 이해 방법이다.

헌법에 대한 해석은 국민들의 헌법의식 변화에 따라 달라진다. 기존의 헌법해석이 종종 성공적으로 비판되어 새로운 헌법해석으로 교체된다. 즉, 헌법해석은 확정적인 것이 아니라 정치, 사회경제적 시대정신에 따라 지지받기도 하고 비판받기도 한다. 헌법해석의 비판을 통해 시대정신에 뒤처진 해석을 대체하면 새로운 해석이 지배적인 해석이 된다. 헌법적 해석도 시대정신을 반영하여 변화 발전한다.

한때는 합헌적인 표현자유 규제 법률이 위헌으로 판결받기도 한다. 그러면 새로운 헌법해석에 따라 법률이 변경된다. 헌법해석을 보편적 진리로 믿든, 아니면 의문을 제기하고 새로운 해석을 하든, 사고의 출발점은 헌법이다. 헌법해석에 대한 지배적인 해석이 달라지면 새로운 법 해석이 그 자리를 대체한다. 그 면에서 헌법해석은 미래를 위해 열려 있다.

그 어느 누구도 헌법해석을 독점해서는 안된다. 그럼에도 헌법해석을 독점하려는 세력들이 있다. 그들은 독재 권력이거나 파시즘 권력이다. 자신들 해석만이 진리라고 상정하는 것은 자의적이다. 그에 따라 권력 역시 자의적으로 남용될 수 있다. 그렇게 되면 헌법의 안정성은 사라지고, 민주공화국은 무너진다. 우리 헌법 제1조는 민주공화국임을 선언하고 있다. 모든 권력은 국민으로부터 나온다. 헌법해석도 이 정신으로부터 출발해야 한다.

이 책은 먼저 표현의 자유에 대한 개념을 정의하는 것으로부터 시작한다. 그리고 헌법제판소가 표현자유에 대한 개념을 어떻게 해석하였는지를 판례를 통해 살펴본다. 또한 헌법에 규정된 표현의 자유에 대한 보호와 규제에 대한 헌법재판소의 판례를 분석한다.

헌법해석은 확정적인 것이 아니다. 시대에 따라 각자의 사상과 철학에 따라 달라질 수 있다. 다만 그 해석을 누군가가 독점하지 못하도록 함으로써 헌법해석의 변화를 보장해야 한다.

표현의 자유에 대한 헌법해석이 현재의 표현 자유를 규정한다. 이 규정은 잠정적이다. 헌법해석은 다수의견을 통해 법의 안정성을 유지하고 소수의견을 통해 미래로 진보하고 발전한다. 따라서 헌법재판소의 표현 자유에 관련된 판결들은 현재의 헌법해석과 변화될 미래의 헌법해석을 동시에 보여준다.

헌법재판소의 판결문은 복문이 많고, 일상적으로 사용하지 않는 용어들이 다소 있다. 판결문을 그대로 인용하여 사용하기보다 복문을 단문으로 고치고, 용어들을 일상적인 용어로 바꾸기도 했다. 판결 인용내용의 문장 마지막에 있는 참고 표시는 그 단락 전체가 판례 내용임을 의미한다.

차례

1. 표현자유의 본질

자연적 자유인은 역사적 공간에는 존재하지 않는다. 다만 표현자유의 본질을 탐구하기 위한 가정일 뿐이다. 특정 자연적 공간에 오직 홀로 존재하는 인간이 있다면 표현의 자유는 어떤 상태일까? 이런 자연상태에선 어떤 사회적인 외적 강제도 존재하지 않는다. 표현의 자유는 외적강제가 없는 상태에서 가장 자유롭다. 본 연구에서는 태어날 때부터 가지고 있는 표현자유의 본질을 살펴보기 위해 자연적 자유인을 가정했다.

근대 사상가들이 가정한 자연 상태도 역사적 실체가 아니라 가정일 뿐이다. 역사속에 존재하지 않는 역사적 가정에 기반한 연구의 출발은 허구라고 주장할 수도 있다. 그러나 역사적 가정은 하나의 사고 실험이다. 개념을 규정하거나 이론을 구상할 때 역사적 가정에 기반하여 연구한 경우도 많고 그런 연구 결과들 중에 매우 의미있는 연구들도 많다.

1) 자연상태와 자연적 자유인

근대 정치 사상가들의 출발점은 자연 상태다. 자연 상태에서 인간은 자유롭고 평등하게 태어났다. 홉스는 자신의 생명보존을 위해, 자신의 판단과 이성에 따라 자기 마음대로 자신의 힘을 사용할 자유를 갖고 태어났다고 했다. 존 로크는 자연 상태란 "자연법의 지배만 받는 완벽한 자유 상태"라고 했다. 누구든 다른 사람의 허가를 구하거나 남의 의지에 종속되지 않고 자신의 재산과 신체를 처리할 수 있는 상태라고 했다. 루소도 인간은 자유롭고 평등하게 태어났기 때문에 자유는 그들 자신의 것으로 그들 자신 외에는 어느 누구도 그들의 자유를 처분할 수 없다고 했다. 세 사상가 모두 자연 상태에서 인간은 모두 평등하고 자유롭게 태어났다고 했다. 자연 상태에서 인간은 가장 자유로운 상태다.

자연 상태에서 자연법은 하느님으로부터 부여받은 권리다. 홉스는 "자연법이란 이성에 의해 발견된 것"으로 일반적 법칙이라고 했다. 홉스의 자연법은 생명 보존권이다. 생명 보존권은 포기할 수 없는 자연권이다. 로크도 자연 상태에서 인간은 자연법의 지배를 받으며 모든 사람에게 적용된다고 했다. 누구도 타인의 생명, 건강, 자유, 신체, 재산상 피해를 주어서는 안된다. 루소 또한 인간에게 있어 제일가는 법칙은 자기보존이라 했다.

자연 상태에서 인간은 자연법의 지배를 받는다. 홉스는 자연 상태에서 "자유란 외부적 방해가 없는 상태"라면서 오직 자연법의 지배만 받는다고 했다. 자연 상태에서 인간은 모든 사람에 대한 모든 사람의 전쟁상태이기 때문에 생명권을 보존할 수 없다. 생명권을 보존하기 위해 평화를 추구하는 것이 기본적 자연권이다. 로크도 자연적 자유는 어떤 권력이나 인간 의지로부터 자유롭고 오직 "자연법의 지배만 받는 상태"라고 했다. 자유는 다른 모든 것의 근본이기 때문에 "남의 자유를 빼앗는 것은 모든 것을 빼앗는 것"으로 간주되었다. 루소 또한 자연적 자유는 오직 그들만의 것으로 그들 자신 외에는 어느 누구도 자유를 처분할 수 없다고 했다. 자유를 포기하는 것은 인간으로서의 자격을 포기하는 것이다. 인간의 의지로부터 모든 자유를 빼앗는 것은 인간의 행동에서 모든 도덕성을 제거해 버리는 것이다.

자연 상태에서 인간은 이성을 갖고 태어났다. 홉스는 인간을 "이성적이고 합리적인 창작품"이라고 했다. 인간은 이런 이성에 의해 자연법을 발견할 수 있다. 로크는 이성이 "자연법의 근간으로 인간은 이성에 의존"할 수밖에 없다고 했다. 사람들이 스스로 판단할 권력을 갖고 이성에 따라 함께 살아가는 것을 자연 상태라고 했다. 루소도 인간을 본질적으로 "자연이성에 따라 인도되는 평화롭고 유덕한 존재"라고 했다. 이성 없이

루소의 일반의지도 없다.

자연 상태에서 인간은 평등하게 태어났다. 홉스는 "인간은 나면서부터 평등하다"고 했다. 자연은 신체와 정신능력에 있어서 인간을 평등하게 창조 했다는 것이다. 가장 약한 사람도 다른 사람과 공모하여 가장 강한 자를 죽이기에 충분한 힘을 갖고 있고, 인간의 정신능력도 평등하다고 했다. 로크도 "자연상태란 또한 평등상태"로서 어느 누구도 다른 사람보다 큰 권력을 갖지 못한다고 했다. 모든 종과 신분이 같은 채로 평등하게 태어나고 모두 동등하다는 것이다. 루소도 인간은 "어느 누구도 태어나면서부터 다른 사람을 지배할 권리를 가졌던 것은 아니며", "모두가 평등하고 자유롭게 태어났다"고 했다.

인간은 자기 자신에 대한 전적인 소유권을 갖고 있다. 홉스는 자기소유에 대해서 명확하게 규정하고 있지 않다. 그러나 홉스는 "모든 사람이 본래 권리를 갖지 않았던 것은 하나도 없다"라고 하면서 "권리 양도"의 주체를 개인으로 보고 있다. 다만 홉스는 소유권은 사회 권력의 수립에 의해서만 가능하다고 했다. 반면 로크는"신은 인간에게 세계를 공유물로 땅과 모든 하등 동물"을 주었다면서, 소유권을 자연권으로 인정했다. 로크는 신체 및 건강도 자연권으로 인정했다. 루소는 자신의 육체의 모든 구성 부분에 대한 절대적 권한을 갖는다고 함으로써 자기 자신에 대한 소유권을 인정하고 있다. 루소는 인간의 첫 번째 관심은 자기 자신이며, 자유에 대한 처분권을 자기 자신만이 갖고 있다고 했다. 자연이 인간에게 자신의 육체의 모든 구성 부분에 대해 절대적 권한을 부여했다는 것이다. 개인 각자의 힘과 자유는 자기보존을 위한 근본적인 수단이다. 오직 자기 자신에게만 복종한다.

2) 자연적 자유인의 자유

자유는 자연 상태에서 태어날 때부터 자연스럽게 주어진 권리다. 누가 준 권리가 아니다. 누가 그 권리를 준 사람도 없음으로 빼앗을 그 누구도 없다. 자유는 자연의 일부다. 자연스럽게 갖게 된 권리다. 굳이 표현하자면 자연권이다. 누구도 침해할 수 없는 배타적 영역이다. 어떤 강제나 규제도 비록 좋은 목적을 위한 것이라도 나쁜 것이다. 어떤 불간섭도 선은 아닐지라도 좋은 것이다.

자연 상태에서 인간은 자유롭다. 어떤 외부적 방해요인이 작동하지 않는 상태다. 이 상태야 말로 가장 자유로운 상태다. 이 상태에 존재하는 개인을 자연적 자유인이라 하자. 자연적 자유인은 이 세상 유일한 왕이자 신하다. 오직 자신만이 자신에게 명령할 수 있다. 그 명령을 듣고, 듣지 않고도 자신만이 결정한다. 자신의 명령을 들을 사람도 없다. 물론 자신에게 명령할 수 있는 사람도 없다. 자유는 자신의 본질이다. 가장 완전한 자유인이다. 내 마음대로 할 자유를 갖고 있다. 이것이 자유의 본질이다.

자연적 자유인은 관습이나, 전통, 신분으로부터도 자유롭다. 스스로 선택할 수 있는 자유롭고 독립적 존재다. 그 누구에게도 길들여지지 않은 존재다. 도덕이나 관습은 사람을 길들인다. 길들여진 자는 자유롭지 못하다. 길들여 진 줄도 모르는 사람은 자유롭지 않다. 이미 길들여지면 선택도 길들여진다. 그것은 자유로운 결정이 아니다. 관습과 도덕도 자연적 자유인 관점에서 보면 부자유다. 따라야 할 법이나 규칙이 없다. 오직 스스로 만든 규칙과 법이 있을 뿐이다. 법과 규칙을 만드는 것도 자신이지만 지키고 지키지 않는 것도 자기 마음대로다. 자신이 만든 법과 규칙을 어겨도 오직 처벌할 수 있는 사람은 자신뿐이다. 그는 자신에게 무한정으로 자비로울 수도 자학적일 수도 있다.

따라서 자연적 자유인은 모든 선택에서 자유롭다. 어떤 선택도 자신만이 할 수 있고 그의 능력내에 무한대로 열려 있다. 선택에 대해서 오직 자신만이 책임을 진다. 그 누구도 책임을 묻지 않는다. 책임을 묻고 묻지 않고도 전적으로 자신만이 선택할 수 있다. 어떤 행위의 선택에 대한 간섭이나 방해가 없다. 행위에 대한 선택과 책임에 대하여 무제한의 자기 재량권을 행사할 수 있다.

자연적 자유인은 서로 평등하게 자유롭다. 어떤 누구도 다른 사람보다 더 자유롭거나 덜 자유롭지 않다. 어느 누구도 다른 사람을 강제하거나 간섭할 권리가 없다. 만약 그런 권리가 있다면 모두에게 평등한 권리다. 전쟁이든 평화든 모두 평등한 그들 스스로의 선택이다. 권리는 강제에 대한 정당성을 인정하는 것이다. 서로에게 어떤 권리가 없다는 것은 어떤 강제나 간섭도 정당하지 않다는 것이다.

자유주의 개인은 자기자신에 대한 소유권을 갖는다. 자연적 자유인은 자기 자신 뿐 아니라 자기가 소유하고 있는 것 모두 자기 것이다. 자신이 소유하고 있는 그 무엇이든 오직 자기만이 처분할 수 있다. 자기 노동의 산물은 말할 것도 없고 자신의 생각이나 사상도 오직 자신의 것이다. 자기 자신에 대해서 그 누구도 소유를 주장할 수 있는 사람은 없다. 자신뿐만 아니라 세상에 대한 유일한 소유자다.

자연적 자유인은 자유롭다. 자기 마음대로 할 자유다. 이것이 자유의 본질이다. 자유주의의 출발점은 여기에 있다. 선택이나 활동을 가로막는 외적 장애물이 없는 상태다. 도덕, 관습, 규칙, 법 등은 외적 장애물이다. 이런 외적 장애물은 자유를 제약한다. 선택과 활동에 어떤 장애가 없는 상태, 이때가 가장 자유로운 상태다. 이것이 자연적 자유의 본질이다.

3) 자연적 자유인과 표현의 자유

(1) 오감과 표현의 자유

표현자유는 아는 것으로부터 시작한다. 알지 못하면 표현하지 못한다. 아는 것은 나 밖의 사물들과의 접촉으로부터 시작한다. 나 밖의 사물과의 접촉은 오감으로 한다. 오감 없이 알 수 없다. 알수 없다면 표현할 수 없다. 오감 없이 표현의 자유는 실현될 수 없다. 따라서 오감은 표현 자유의 구성요소다. 오감 중 어떤 하나를 사용할 수 없다면 그만큼 알 수 없다. 알 수 없다면 그것에 대한 표현도 제약된다. 그만큼 표현자유도 제약된다.

자연적 자유인은 태어날 때부터 오감을 갖고 태어난다. 그의 오감은 오직 그만이 통제할 수 있다. 자연적 자유인은 말할 수 있고, 들을 수 있다. 볼 수 있고, 맛볼 수 있고, 촉감으로 느낄 수 있다. 그는 누구의 간섭 없이 오감을 사용할 수 있다. 오감이 가장 자유로운 상태다. 오감이 자유롭지 못하다면 어떤 표현도 자유롭지 못하다. 표현 이전에 오감이 먼저다. 오감이 자유로워야 자신의 생각이나 사상을 만들 수 있다. 오감을 통하여 나의 밖의 사물을 인식한다. 인식할 수 있어야 알 수 있다. 무의식 마저도 이들 오감의 오랜 기억이다. 오감 능력과 오감의 자유는 언론자유의 전제 조건이다.

- 청각능력과 표현자유

자연적 자유인은 들을 수 있는 능력이 있다. 이 능력 역시 태어날 때부터 자연적으로 주어졌다. 자연적 자유인은 타인의 간섭이나 장애 없이 들을 수 있는 자유로운 상태다. 들을 수 있고 없고에 따라 자연적 자유인의 앎이 달라진다. 들을 수 없다면 그만큼 알 수 없다. 알 수 없다면 그에 대한 생각도 사상도 없다. 생각과 사상이 없다면 그것에 대한 표현도 존재할 수 없다. 알 수 없다면 표현자유는 그만큼 좁아진다. 따라서 들을 수 있는 능력은 표현자유의 본질적 구성요소다.

청각은 생존과 밀접하게 관련 있다. 무엇이 위험한 소리인지, 아닌지를 알 수 있다. 위험한 동물이 접근하는 소리를 들을 수 없다면, 불타는 소리를 들을 수 없다면 그만큼 위험하다. 소리를 통하여 위험한 동물인지, 위험하지 않은 동물인지, 사냥할 수 있는 동물인지 아닌지 알 수 있다. 물을 찾는 사람에게는 물소리를 들 수 있다면 더 빨리 쉽게 물을 찾을 수 있다.

들을 수 없다면 소리에 반응할 수 없다. 반응할 수 없는 것만큼 표현할 수 없다. 위험한 소리, 듣기 좋은 소리, 듣기 싫은 소리는 다른 감정을 일으키다. 다른 감정은 다른 표현으로 나타난다. 싫은 소리에는 상을 찡그리고, 좋은 소리와 반가운 소리에는 미소가 떠 오를 수 있다. 즉 소리에 따라 반응이 달라지고 표현이 달라진다. 앎이 달라진다면 표현도 달라진다. 청각은 정보를 수집하는 데 있어서 무엇보다도 중요한 본질적인 요소다.

좋은 소리를 들을 수 있는 자유만큼이나 싫은 소리는 듣지 않을 자유도 있다. 듣기 싫으면 귀를 막을 수도 있고, 소리가 들리지 않는 곳으로 피할 수도 있다. 그가 듣고 듣지 않는 것에 대해 간섭할 그 누구도 없다. 듣고 듣지 않고는 그의 자유다. 듣는 능력은 오로지 자신의 소유다. 따라서 듣고 듣지 않는 것을 선택하는 것도 자신의 자유다

- 시각능력과 표현자유

자연적 자유인은 볼 수 있는 능력을 갖고 태어났다. 나 밖의 사물에 대한 판단을 내리는 데 볼 수 있는 능력만큼 중요한 것도 없다. 볼 수 없다면 내 밖의 세상을 알기 어렵다. 볼 수 있고 없고에 따라 나의 앎의 세계는 달라진다. 보면 느낄 수 있다. 느낄 수 없다면 표현할 수 없다. 보면 사물을 알 수 있다. 보는 것이 앎이다. 앎이 없다면 표현할 수 없다. 볼 수 있는 능력은 표현 자유의 구성요소이자 본질이다.

홀로 있는 자연적 자유인이 볼 수 없다면 생존할 수 없다. 발을 내딛는 모든 순간순간 위험과 직면한다. 어디가 낭떠러지이고 가시덤불인지, 어떤 동물이 앞에 나타났는지 알 수 없다. 시

각은 생존의 필수 조건이다. 즉 시각을 통해 들어오는 정보는 생존권과 직결된다.

시각이 없다면 표현의 자유는 심각한 장애에 빠질 수밖에 없다. 무엇이 예쁜지, 아름다운지, 더러운지 알 수 없다. 시각이 없다면 세상의 미추를 구분하기 어렵다. 시각 없는 시각예술의 표현은 불가능하다. 시각은 많은 정보가 드나드는 창구다.

자연적 자연인은 시각에 대한 전권을 가지고 있다. 무엇을 볼 것인지, 보지 않을 것인지 선택하는 것은 그의 자유다. 그리고 보기 싫은 것은 보지 않아도 된다. 무엇을 보고, 보지 않고에 대한 간섭할 수 있는 그 무엇이 없다. 자연적 자유인은 무엇을 보고, 보지 않을 자유를 갖고 있다. 자기가 본 것을 어떻게 표현하던 그의 자유다. 그리고 보지 않은 것, 볼 수 없는 것을 시각적인 것으로 표현하는 것도 자유다. 무엇을 그리든 그의 자유다.

- 후각 능력과 표현자유

자연적 자유인은 후각 능력을 갖고 태어났다. 냄새가 나는지 나지 않는지, 좋은 냄새인지 나쁜 냄새인지, 유해한 냄새인지 무해한 냄새인지 알 수 있다. 후각 없이 알 수 없는 것들이 있다. 후각도 앎의 기본 요소다. 후각이 앎의 기본요소라면 후각도 표현의 자유의 본질적 요소다.

후각도 생존과 연결된다. 후각으로 위험을 감지할 수도 있다. 더 좋은 음식을 찾는데도 유용하다. 자연적 자유인에게 생존은 제1차적 목표다. 생존이 1차적 목적인 상황에서 생존을 위한 정보는 무엇보다도 중요하다. 정보의 중요성 만큼 표현자유의 중요 구성요소다.

누군가에게서 후각을 빼앗는다면 세상을 그만큼 더 알 수 없다. 후각은 자연적 자유인에게 많은 느낌과 생각을 불러일으킬 수 있다. 싫은 냄새는 피하고 좋은 냄새는 좋아할 수 있다. 냄새 맡을 수 없다면 그만큼 알 수 없다. 알 수 없다면 표현할 수 없다. 후각은 외부 대상과의 상호작용과정에서 외부 사물을 알게 하는 중요한 요소다. 후각은 앎의 본질적 요소다. 마찬가지로 후각이 없다면 그만큼 알 수 없다. 후각도 표현자유의 본질적 구성요소다.

자연적 자유인은 후각에 대한 전권을 가지고 있다. 후각을 어떻게 사용할지도 마음대로 결정할 수 있다. 후각을 통한 인식을 마음대로 표현할 수도 있다. 나쁜 냄새를 피하기 위해 코를 막거나, 상을 찡그리거나, 피하거나 그의 자유다. 좋은 냄새를 위하여 꽃을 꺾어 놓을 수도 있다. 눈도 즐겁고 코도 즐겁다. 그는 그의 후각으로 느낀 것을 마음대로 표현할 수 있는 자유인이다.

- 미각 능력과 표현자유

자연적 자유인은 맛을 알 수 있는 능력을 갖고 태어났다. 먹어봐야 신맛, 단맛, 쓴맛, 매운맛, 짠맛이 어떤 것인지 알 수 있다. 미각이 아니면 다른 방법으로 맛을 알 수 없다. 알 수 없다면 표현할 수 없다. 맛을 알아야 맛을 표현할 수 있다. 맛을 아는 것도 표현의 자유의 본질적 요소 중 하나다.

맛을 느낄 수 없어도 생존에는 문제가 없을 수 있다. 맛을 느낄수 없어도 냄새나 눈으로 관찰하여, 먹을 수 있는 것과 없는 것을 구분할 수 있다. 맛이 좋다고 하여 독이 없는 것도 아니다. 맛이 나쁘다고 하여 몸에 나쁜 것도 아니다.

그러나 맛을 느낄 수 없다면, 맛으로 느낄 수 있는 것을 알 수 없다. 매운 맛, 신 맛, 짠 맛, 단 맛, 감칠 맛이 주는 느낌들을 알 수 없다. 이들 맛들이 조화롭게 품어내는 것들도 알 수 없다. 맛으로 느낄 수 있는 행복감, 즐거움, 역겨움을 알 수 없다. 알 수 없다면 표현할 수 없다. 미각이 없거나 미각을 잃어버린다면 그만큼 알 수 있는 것이 제한된다.

맛을 느낄 수 있는 능력은 그의 소유다. 따라서 맛보고 맛보지 않을 자유를 갖고 있다. 맛은 매우 다양하다. 미각이 없거나 미각을 잃어버린다면 그만큼 알 수 있는 것이 제한된다. 미각으로 알 수 없는 것만큼 표현자유도 줄어든다. 먹어봐야 맛을 알 수 있다. 맛에 대해 마음대로 표현할 수 있다. 무엇을 먹지 못하게 하는 것은 그 맛을 느끼지 못하게 할 뿐 아니라 그 맛에 대한 표현을 원천적으로 막는 것이다. 먹고 먹지 않는 것, 그리고 그것에 대한 맛에 대해 말하고 말하지 않는 것은 자유다. 미각은 표현자유의 구성요소다.

- 촉각 능력과 표현자유

촉각은 외부 자극이 피부 감각을 통하여 전해지는 느낌이다. 우리의 온몸은 감각을 갖고 있다. 몸 전체가 감각기관이다. 누군가 때리면 아프다. 때리는 강도에 따라 아픔도 따르다. 무엇으로 때리느냐에 따라서도 다르다. 좋은 감촉도 있고 나쁜 감촉도 있다. 몸에 상처가 나서 아픈 경우도 있고, 질병에 걸려서 아픈 경우도 있다. 아픈 원인도 다양하고 아픔의 느낌이나 강도도 다양하다.

어떤 것들은 만저보아야 알 수 있다. 감촉이 좋은 것도 있고 나쁜 것도 있다. 감각으로 많은 것을 느낄 수 있다. 느낄 수 있다는 것은 곧 앎을 구성한다. 우리가 감각할 수 없다면 많은 것을 알 수 없다. 알 수 없다면 표현할 수 없다. 표현할 수 없다면 그만큼 표현의 자유는 줄어든다. 따라서 감각도 표현자유의 구성요소다.

촉감도 생존과 관련이 있다. 촉감이 없다면 추운지, 더운지 알기 어렵다. 온도와 날씨의 변화에 민감하지 못하다면 살아남기 어렵다. 동물이나 곤충에 물리면 통증이나 아픔을 느낀다. 촉감이 없다면 통증을 느낄 수 없다. 통증을 느낄 수 없다면 아픔을 느낄 수 없다. 촉감이 있기에 무엇이 위험하고 위험하지 않은지 느낄 수 있다. 촉감도 생존에 필요한 감각이다. 생존에 필요한 정보는 어떤 정보보다 우선순위다.

자연적 자유인은 촉감의 전적인 소유자다. 그가 온몸으로 느낀 촉각은 자신만이 그 느낌에 따라 판단하고 표현할 수 있다. 촉각으로 어떻게 느끼던, 촉각을 사용하든 하지 않든 전적으로 자연적 자유인의 자유다. 촉각을 통한 어떤 표현도, 촉각을 통하여 느낀 것을 어떻게 표현하든 그 어떤 간섭도, 통제도 존재하지 않는 상태다. 자연적 자유인은 촉각의 자유인이다.

- 오감과 표현의 자유

인간은 오감을 통해 사물을 인식하고 경험을 축적한다. 자연적 자유인은 오감을 다중적으로 사용한다. 감각 각각을 사용하기도 하지만 동시에 오감을 전부, 또는 일부를 통하여 사물을 느끼고, 사물에 대해 알아간다. 장미꽃이 아름답다는 것은 보는 감각이다. 장미꽃 향기가 좋다는 것은 냄새 맡는 감각이다. 장미 가시에 찔리면 아프다는 것은 통각이다. 이런 다중 감각을 통하여 장미를 알아간다. 알아야 표현할 수 있다. 알 수 없다면 표현할 수 없다. 표현 자유의 전제는 오감으로 통한 사물에 대한 인식이다.

자연적 자유인은 오감의 자유를 갖고 있다. 오감은 표현자유의 구성요소이자, 생존권의 구성요소다. 오감 없는 표현자유는 없다. 오감은 앎의 원천이다. 오감은 인간이 외부세계와 소통하는 중요한 기능이다. 오감 없이 앎은 제한적일 수밖에 없다. 따라서 앎의 토대인 오감도 표현자유의 원천이다. 오감 없이 생존하기 어렵다.

오감 없이 외부와의 소통이 불가능하다. 외부와의 소통이 없다면 표현자유는 없다. 표현자유의 구성요소인 오감에 대한 통제나 간섭은 동시에 생존권과 표현자유에 대한 간섭이나 통제다. 이 모든 통제로부터 가장 자유로운 인간이 자연적 자유인이다. 자연적 자유인은 본질적으로 생존과 표현자유의 가장 중요한 구성요소들을 소유하고 있고, 그 소유에 대한 처분권을 갖고 있다.

(2) 목소리, 동작, 도구사용과 표현의 자유

오감을 통하여 내 밖의 사물을 인식한다. 인식한 사물을 표현하는 것은 오감이 아니다. 오감으로 느낀 것을 표현하는 것은 목소리나 몸짓, 도구를 사용하여 할 수 있다. 오감에 대한 자유가 아무리 주어졌다 하더라도 이것들을 밖으로 표현할 수 없다면 표현의 자유는 실현될 수 없다. 목소리와 몸짓과 표정, 도구사용이 어떻게 표현의 자유 실현과 관련 있는지 살펴보는 것은 그래서 중요하다.

- 목소리 표현의 자유

자연적 자유인은 입으로 소리를 낼 수 있는 능력을 갖고 태어났다. 소리를 낼 수 있는 능력이 자연적으로 주어졌다. 누가 준 것도 아니다. 그것은 오직 자신의 것이다. 갑자기 놀라면 소리 지른다. 위험한 짐승이 나타나면 소리를 질러 대항한다. 좋으면 소리 내어 웃는다. 슬프면 울음을 터뜨린다. 화가 나면 고함을 지른다. 소리는 감정의 표현이다. 소리 낼 수 없다면 감정은 표현될 수 없다. 소리 낼 수 있다는 것도 표현자유의 본질적 구성요소다.

보고, 듣고, 느낀 것을 소리로 표현할 수 있는 자유다. 자신이 보고, 듣고, 맛보고, 만지고, 냄새 맡은 느낌을 소리로 표현하는 것은 자연스러운 일이다. 물론 소리로 표현하지 않을 자유도 있다. 모든 느낌을 소리로 표현해야 하는 것은 아니다. 느낌의 강도가 약한 것은 침묵할 수 있다. 느낌의 강도가 너무 커서 참을 수 없어서 내는 소리도 표현이다. 자연적 자유인은 외적 자극에 대해서 소리로 표현하거나 하지 않을 자유를 갖고 있다.

자연적 자유인은 자신의 목소리를 낼 수 있는 전권을 갖고 있다. 목소리를 낼 것인지 아닌지를 결정하는 것은 자신이다. 어떤 외적 강제, 즉 간섭이나 통제, 지배가 없는 자연 상태다. 어떤 소리에 대해서 보상을 하거나 처벌할 수 있는 어떤 사람도 없다. 맘껏 목소리를 낼 수 있는 자유가 온전히 주어진 자연 상태다.

인간은 분절음을 낼 수 있도록 만들어진 기관을 가지고 태어났다. 이런 분절음을 이용하여 말을 만들 수 있다. 이런 말로써 자기 자신의 마음속에 있는 관념이나 생각을 나타낼 수 있고 타인에게 전달할 수 있다. 즉, 분절음을 사용할 능력은 자연적으로 주어졌다. 누가 준 것도 아니다. 그것은 오직 자신의 것이다. 보고, 듣고, 느낀 것을 분절음으로 표현할 수 있다. 분절음을 사용할 수 있다는 것은 표현자유의 영역을 시 공간적으로 확장할 수 있게 했다.

자연적 자유인은 자신의 감각기관을 통한 생각이나 느낌은 말할 것도 없고, 자신의 정신적 작용에 의해 2차적으로 형성된 생각, 사상이나 신념을 분절음으로 표현할 수 있다. 분절음은 자신의 느낌이나 생각을 표현할 수 있는 감각적 기호다. 이것이 동물의 소리와 인간의 소리가 다른 이유다.

분절음의 사용은 감정을 소리로 표현하거나 말과 노래를 가능하게 하는 원천이다. 문명이 발전하면서 말과 노래, 소리를 통한 감정표현은 더 정교하게 표현할 수 있도록 발전했다. 그 무엇보다도 분절음을 통한 말의 발전은 인류 발전의 가장 큰 원동력이다. 말의 사용은 그 무엇보다도 표현의 자유를 확장했다.

로크는(Johe Locke, p.504) "어떤 사람이 다른 사람에게 말을 걸 때에는 이해받기 위해서이며, 말의 목적은 그렇게 말하여진 소리가 표지로서 이야기하는 사람의 관념을 듣는 사람에게 알릴 수가 있어서 이다"라고 했다. 말은 사회적 산물이다. 말할 수 없다면 자신의 사상이나 신념은 물론, 사물에 대한 표현을 하는데 한계를 가질 수밖에 없다. 몸짓이나, 그림, 도화, 글 등으로 표현할 수 있지만 한계가 있다. 말은 가장 쉽게 자신의 사상이나 신념을 전달할 수 있는 수단이다. 따라서 말할 자유가 없다면 표현의 자유는 반쪽짜리에 불과할 것이다. 표현의 자유의 핵심은 말의 자유이다.

자연적 자유인은 말할 자유를 가지고 있지만 동시에 말하지 않을 자유도 갖고 있다. 말하고, 하지 않고는 자유다. 말하기 싫은 것을 말하도록 강제하는 그 누구도 없다. 침묵을 강제하는 그 누구도 없다. 침묵도 의사표현의 한 방법이다. 자연적 자유인의 말은 자유롭다. 제 마음대로 말하고 표현할 자유를 갖고 있다.

- 몸짓 표현의 자유

오감으로 느낀 것들은 목소리 뿐 아니라 몸짓과 얼굴 표정으로도 표현된다. 오감에 대한 반응으로 나타나는 몸짓과 얼굴 표정은 통제할 수 없는 자연적 반응이기도 하다. 강한 쓴맛이나 신맛을 느낄 때 얼굴을 찡그린다. 맛있는 것을 먹을 때는 미소를 띠거나 맛있게 먹는다. 배가 고프면 게걸스럽게 먹을 수도 있다. 어떤 맛에도 몸은 다양한 방식으로 반응한다. 미각에 맛을 느끼는 순간 몸도 얼굴 표정도 반응한다. 미각은 몸짓 표현과 밀접한 관련성을 갖고 있다.

청각에 몸도 반응한다. 듣기 싫은 소리를 듣지 않기 위해 귀를 막기도 하고, 잘 들리지 않으면 귀를 기울인다. 듣기 좋은 소리, 아름다운 소리에는 귀를 기울인다. 슬픈 소리에는 슬픈 표정을, 즐거운 소리와 아름다운 소리에는 미소를 띈다. 갑자기 놀랐을 때에는 몸짓 뿐 아니라 놀란 표정이 자연스럽게 나온다. 어떤 소리에도 몸은 다양하게 반응하고 표현한다.

시각도 몸짓 반응을 유발한다. 아름다운 것을 볼 땐 미소 짓는다. 더러운 것을 볼 때 상을 찡그린다. 화산폭발이나 천둥번개를 볼 때도 몸은 반응한다. 뱀이나 사자가 나타났을 때도 공포감이나 놀란 표정을 짓는다. 꽃을 보면 미소 짓는다. 눈을 통하여 들어오는 모든 정보에 대해서 얼굴 표정과 몸은 반응한다. 시각은 몸짓과 표정에 반영된다.

후각도 몸짓 반응을 일으킨다. 냄새에 따라 몸짓이나 표정이 달라진다. 향기로운 냄새를 맡을 때와 썩은 냄새를 맡을 때 몸짓과 표정은 달라진다. 탄 냄새나 음식 쉰 냄새를 맡을 때도 마찬가지다. 모든 사물은 사물만의 독특한 냄새를 대부분 가지고 있다. 경험적으로 유익한 냄새와 유해한 냄새를 구분한 자연적 자유인은 그들 냄새에 따라 몸짓과 표정이 다르게 나타날 수 있다. 후각도 결국 몸짓과 표정으로 표현된다.

촉감도 몸짓을 유발한다. 더러운 것을 만지거나 징그러운 것이 닿으면 표정도 변하고, 몸도 반응한다. 춥거나 더워도 몸은 반응한다. 추우면 몸을 움츠리고 더우면 천천히 걷거나 움직임을 줄인다. 만져서 기분 좋은 것도 기분 나쁜 것도 있다. 그에 따른 몸의 표현도 달라진다. 뜨거운 것과 차가운 것에 대한 반응도 각각 다르다. 온도에 따라 그 반응은 가지각색이다. 부드러운 것을 만질 때와 까칠까칠한 것을 만질 때의 몸짓 표현은 다르다. 날카로운 것에 찔렸을 때와 애완동물의 털을 만질 때의 촉감은 다르다. 외적 대상이 무엇이냐에 따라 그 느낌은 다르고, 그 느낌에 따라 몸짓과 얼굴표정은 달라진다.

오감에 대한 1차적 반응은 몸으로 표현된다. 오감은 단일하게 작동하기도 하지만 복합적으로 작용하기도 한다. 미각과 시각 청각이 함께 어우러져 기분을 결정하고, 그에 따른 몸의 반응이 달라지기도 한다. 음식을 먹을 때 미각뿐 아니라 시각, 후각, 심지어 청각, 촉각 모두가 작용하여 몸짓이나 표정으로 나타날 수 있다. 빵을 먹을 때의 냄새, 빵굽는 소리, 빵의 모양, 먹을 때의 부드럽거나 까칠하거나 등의 촉감 모두가 복합적으로 작용하여 얼굴 표정과 몸짓으로 표현된다. 표정이나 몸짓은 오감에 대한 1차적 반응으로 표현을 매우 풍부하게 한다. 몸짓과 얼굴 표정은 오감의 느낌을 1차적으로 반응하여 겉으로 드러나는 표현이다. 몸짓은 표현자유의 매우 중요한 요소다. 오감의 표현자유는 1차적으로 몸짓과 얼굴 표정으로 실현된다.

- 표현 도구를 사용할 자유

자연적 자유인은 도구를 이용하여 자신을 표현할 수 있다. 화가 날 땐 통나무를 격하게 두드릴 수도 있고, 기분이 좋을 땐 리듬 있게 두드릴 수도 있다. 도구를 사용하여 자신이 본 것을 그릴 수도 있다. 예쁘고 향기로운 꽃을 꺾어 장식할 수도 있다. 사냥한 동물의 뿔들을 전시할 수도 있다. 어떤 도구를 사용하여 어떻게 표현하든 자유다.

도구의 사용은 오감의 사용을 확장한다. 오감의 사용만으로 표현할 수 없는 것을 표현할 수 있도록 한다. 깔때기 같은 것을 이용하여 소리를 더 크게, 더 멀리 보낼 수도 있다. 북을 만들거나 풀피리를 만들어 새로운 소리를 창조할 수도 있다. 자기가 본 것을 나무 조각, 뼈 조작, 날카로운 돌 조각을 이용하여 그림을 그릴 수 있다. 도구의 사용은 표현의 자유를 확장했다.

도구의 사용은 사고 과정을 필요로 한다. 도구를 만들거나 선택하는데 사고 과정이 필요하다. 뿐만 아니라 도구를 사용할 때도, 도구를 이용하여 무엇인가를 표현할 때도 사고과정이 필요하다. 도구의 사용은 곧 사고의 시작이다. 북을 사용할 것인가, 그림을 그릴 것인가, 표식을 할 것인가를 결정해야 하고, 그리고 어떻게 표현할 것인가를 생각해야 한다. 이 모든 과정은 사고행위다. 사고행위는 표현의 내용과 형식을 더 풍부하게 만든다.

도구의 사용이 없다면 표현의 자유는 오감과 목소리, 제스처 등 몸짓으로 제한된다. 즉, 나의 전적인 소유인 육체를 이용한 표현 이상은 할 수 없다. 도구의 사용으로 표현의 영역은 확장된다. 따라서 표현 도구를 사용할 수 없다면 그만큼 표현의 자유도 축소된다. 자연적 상태에서 자연적 자유인은 표현 도구를 사용할 수 있는 전적인 자유를 갖고 있다. 표현도구의 자유로운 사용은 표현자유의 본질적인 구성요소다.

4) 자연적 자유인의 표현자유 본질

인간은 자연적 자유상태일 때 어떤 외적 강제도 없는 가장 자유로운 존재다. 그는 그가 가지고 있는 모든 수단을 통하여 자신의 감정이나 생각 등을 마음대로 표현할 수 있다. 자연적 자유인이 사회적 관계 속에 들어오더라도 표현의 자유의 본질은 변하지 않는다. 왜냐면 사회 성립 이전에 인간이 본질적으로 갖고 있던 자유이기 때문이다. 사회 속에서도 각자가 각자에게 주장할 수 있는 권리다.

인간의 오감은 오직 그 자신만이 통제할 수 있다. 그 누구도 강제할 수 없다. 오감을 통한 표현은 자유롭다. 오감을 통한 정보 습득도 자유롭다. 이 권리는 자연적 권리다. 표현의 자유에서 본질적인 구성요소다. 표현자유의 구성요소는 자연적으로 주어진 인간 본질적 권리다.

인간은 무엇이든지 맛보거나 맛보지 않을 권리를 갖고 있다. 맛을 보아야 단맛인지, 쓴맛인지, 매운맛인지 알 수 있다. 맛을 보는 것은 정보를 습득하는 과정이다. 알아야 표현할 수 있다. 매운맛을 표현한 것과 단맛을 표현하는 것은 다르다. 맛볼 권리도 표현자유의 구성요소다. 물론 맛보지 않거나 먹지 않을 권리도 있다. 맛없는 것을 안 먹을 자유도 있다. 강제로 고기를 먹게 하거나, 물을 먹도록 하는 것은 권리 침해다. 먹기 싫은 것을 먹지 않는 것도 표현이다.

인간은 무엇이든지 냄새 맡거나 맡지 않을 권리가 있다. 냄새 맡을 수 없다면 외적 대상에 대한 정보를 그만큼 알 수 없다. 좋은 냄새인지 싫은 냄새인지에 따라 표현도 달라진다. 냄새를 맡아보고 먹을지 먹지 않을지 선택할 수 있다. 냄새에 대한 정보는 무엇인가를 선택하는데 중요한 정보다. 냄새는 정보의 구성요소다. 알아야 판단하고 선택할 수 있고 표현할 수 있다. 냄새를 맡지 못하도록 하거나 맡도록 강제하는 것은 표현 자유의 침해다.

인간은 무엇이든지 듣거나 듣지 않을 권리를 갖고 있다. 좋은 소리인지, 귀에 거슬리는 소리인지, 위험을 알리는 소리인지 들을 권리가 있다. 뿐만 아니라 싫은 소리는 듣지 않을 권리도 있다. 듣고 듣지 않고는 자유다. 듣도록 강제하거나 듣지 못하도록 강제한다면 들을 권리와 듣지 않을 권리에 대한 침해다. 들을 권리와 듣지 않을 권리는 표현자유의 구성요소다. 따라서 이들 권리에 대한 침해는 표현 자유에 대한 침해다.

인간은 무엇을 볼 것인지, 보지 않을 것인지에 대한 선택할 수 있는 권리를 갖고 있다. 그리고 본 것을 어떻게 표현할 것인지도 자유다. 본 것을 표현하지 않는 것도 자유다. 볼 수 없다면 그만큼 알 수 없다. 볼 수 있는 권리는 표현자유의 본질적 권리다. 보기 싫은 것을 보지 않을 자유도 있다. 그 누구도 강제로 무엇을 보게 할 수 있는 권리는 없다. 강제로 그림을 보게 하거나 영화를 보게 하거나 할 수 없다. 볼 권리와 보지 않을 권리는 표현자유의 구성요소다. 이들에 대한 침해는 표현자유에 대한 침해다.

인간은 무엇이든지 만져보거나 만지지 않을 권리가 있다. 촉감을 통하여 많은 정보를 알 수 있다. 무엇을 만지거나 만지지 못하도록 강제할 수 없다. 촉감을 느끼고 느끼지 않고는 자유다. 인간의 몸은 몸 전체가 감각기관이다. 몸을 통하여 느끼는 모든 촉감, 통감에 대한 전적인 권리를 갖고 있다. 그것들을 느끼 위하여 하는 행동이나 그 느낌을 어떤 방식으로 표현하던 그의 자유다. 촉감의 권리도 표현자유 구성요소다. 촉감을 방해하는 것도 표현자유에 대한 침해다.

자연적 자유인은 목소리를 내거나 내지 않을 권리를 갖고 있다. 그리고 그 목소리를 통하여 무엇을 표현할 것인지, 어떻게 표현할 것인지에 대한 전권을 갖고 있다. 노래를 부를 것인지, 말을 할 것인지, 울부짖을 것인지, 웃을 것인지를 선택할 권리가 있다. 목소리로 무엇이든지 표현할 권리다. 그리고 무엇도 표현하지 않고 침묵할 권리도 있다. 노래를 부르지 않을 권리, 말하지 않을 권리, 웃지 않을 권리도 있다. 그 누구도 웃도록 강제하거나, 울도록 강제하거나, 침묵하도록 강제할 수 없다.

인간은 자신의 생각이나 느낌을 몸짓으로 표현할 권리를 갖고 있다. 분노, 증오, 슬픔, 기쁨 등의 감정을 몸짓으로 표현할 자유가 있다. 물론 그 누구도 강제로 몸짓으로 표현하도록 강제할 수 없다. 그의 몸짓 표현은 그의 의지에 따라서 결정된다. 표현하고, 하지 않고는 그의 자유다. 몸짓으로 표현할 권리 뿐 아니라 표현하지 않을 권리도 있다.

표현을 위하여 도구를 사용할 수도 있다. 그림을 그리거나 글을 쓰거나 악기를 사용하거나 어떤 도구를 사용하여 표현하든 자유다. 표현을 위하여 도구를 사용하든 하지 않든 자유다. 누구도 강제할 수 없는 자연적 자유다. 표현적 도구에 대한 접근을 막는 것도 자유에 대한 침해다. 본질적으로 어떤 표현 도구에도 접근할 권리가 있다.

자연적 자유인의 표현자유권은 자연권이다. 자연적 자유인은 태어날 때부터 자유다. 간섭이나 강제, 지배로부터 자유롭다. 자연적 자유인이 자유롭다면 그의 표현도 자유롭다는 것은 당연하다. 자연적 자유가 자연권이라면, 자유에 포함된 표현의 자유도 자연권이다. 즉 표현의 자유는 태어날 때부터 가진 자연권이며, 그 누구도 침범할 수 없는 본질적 자유다.

자연적 자유인의 표현자유권은 개인적 권리다. 집단이 부여한 권리가 아니라 태어날 때부터 개인에게 주어진 권리다. 즉 천부적 개인권리다. 자유롭고 독립적인 개별성에 바탕을 두고 있다. 각기 자신의 목적과 이익, 좋은 삶에 대한 자신의 견해를 가진 서로 다른 존재들이다. 서로 다른 존재들이 서로 다른 견해를 표현하는 것은 당연하다. 표현은 사적이면서 개인적이다.

자연적 자유인의 표현자유권은 평등하다. 개인들은 동일하게 표현자유권을 갖는다는 면에서 평등하다. 각 개인은 자유롭고 평등하게 태어났고, 평등한 표현자유권을 갖고 있다. 누구든지 어떤 표현을 하든 자유롭다는 면에서 평등하다. 개인들의 표현 능력의 차이는 차별이 아니다. 신분이나 민족, 종교와 같은 사회적 산물이 아니다. 우연적인 자연적 산물이다.

자연적 자유인은 자신에 대한 유일무이한 소유권자다. 그의 입과 귀, 눈, 코 모두 자기 것이다. 자기 자신 뿐 아니라 자기가 소유하고 있는 것 역시 자기 것이다. 그의 말은 그의 것이다. 그의 말은 자유롭다. 그의 오감이 자기 것인 만큼, 그 오감을 통하여 느낀 것은 오롯이 그의 것이다. 오감을 통해 인식된 모든 지식이나 생각도 그의 것이다. 따라서 그가 표현하는 그 모든 산물은 자신의 소유다. 모든 표현에 대한 전권을 갖는 소유권자다. 물론 그가 만들어 소유하고 있는 표현 도구도 자신의 소유다. 소유권을 갖고 있는 한 표현도구나 표현물을 어떻게 처리할 것인지에 대한 처분권도 자연스럽게 갖는다. 자연권적 자유인은 소유권적 개인에 기반 한 표현자유권을 갖고 있다.

2. 표현자유의 구성 요소

현대의 정치사회 제도는 근대사상에 그 출발점을 두고 있다. 근대 사상가들이 주장한 자연권, 즉 자유권, 평등권, 소유권, 생명권을 인간의 기본 권리로 받아들이고 있다. 자유를 자연권으로 인정하고 있는 한, 표현의 자유도 자연권이다. 따라서 현대 자유민주주의 사회에서 자신의 오감이나 목소리, 몸짓, 자신 소유의 도구를 이용하여 정보를 추구하고 표현할 권리를 인간의 기본권으로 한다.

표현의 자유를 실현하기 위해서는 먼저, 자신의 신념이나 의견, 사상을 형성하기 위하여 필요한 외적 대상과의 상호작용이나 정보에 접근할 수 있어야 한다. 정보 접근이나 외적 대상과의 상호작용을 통하여 만들어진 자신의 사상이나 신념, 의견, 사실적 정보 등을 말, 글, 그림, 몸짓, 신호, 음악, 영상, 공연, 예술 등을 통하여 자유롭게 표현할 수 있어야 한다. 이뿐 아니라 이런 표현행위들을 효과적으로 전달하기 위한 도구들을 자유롭게 사용할 수 있어야 한다. 이런 자유가 모두 주어졌을 때 표현의 자유는 가장 잘 보장된 상태가 된다.

1) 정보 추구와 접근의 자유

인간이 자신의 사상이나 신념, 의견을 만들기 위해서는 사람들과 만남 및 자신 밖의 것들과 상호작용이 자유로워야 한다. 다른 사람들의 글, 그림, 사진, 연설, 영상, 예술 등을 마음대로 접할 수 있어야 한다. 즉 어떤 인위적인 외적 장애도 없어야 한다. 정보접근과 이용이 표현의 자유 실현에 있어서 가장 중요한 기초다.

어떤 사람을 만나고 어떤 정보를 접할 것인가를 스스로 결정할 수 있어야 한다. 나 자신의 정보추구나 접근이 다른 사람이 시켜서 하는 것이 아니라 나 자신의 선택이어야 한다. 다른 사람이 아무리 현명하고 선의로 가득 차 있다할지라도 그 사람의 지시대로 정보에 접근하고 추구해야 한다면 표현의 자유는 그만큼 제한된다.

알고 싶은 것도 있지만 알고 싶지 않은 것도 있다. 공권력이 관리 운영하는 교도소 등에서의 일방적인 교화는 듣고 싶지 않은 사람들의 권리를 침해할 수 있다. 종교기관 설립 사립학교에서 특정 종교교육을 강제하는 것 역시 듣고 싶지 않은 것을 강제하는 것이다. 보고 싶지 않은 것은 보지 않을 권리도 있다. 어느 누구도 의무적으로 무엇인가를 보도록 강제할 수 없다.

정보 접근이나 선택에 있어서 모든 문이 열려 있어야 한다. 정보 선택의 문은 많으면 많을수록 좋다. 필요한 정보를 내 마음대로 추구할 수 있다고 해서 정보접근권이 다 보장된 것이 아니다. 내가 필요로 하지 않는 정보가 막혀 있다고 하더라도 내가 그 정보를 필요로 하지 않는 한, 나는 정보추구에 대한 자유를 실현하는 데 어떤 장애도 없다. 이 경우 개인이 그런 특정 정보에 대한 욕구가 없고, 그 외에 자신이 원하는 모든 정보를 추구할 수 있다 하더라도 정보접근권은 줄어든다. 비록 지금 특정 정보에 대한 욕구가 없다 하더라도 그 접근을 선택할 수 있는 문은 열려 있어야 한다.

시각 장애인이나 청각장애인들도 들을 권리나 볼 권리가 있다. 이들 권리를 실현하기 위하여 자막방송, 화면해설방송, 수화 방송, 점자신문, 점자 책 등을 요구할 권리가 있다. 민주시민으로서 필요한 기본적인 정보를 제공 받아야 만이 민주시민으로서 의사결정을 할 수 있다. 뿐만 아니라 장애인을 위한 교육시설 등 공공시설, 공연장이나 전시장 등에 대한 접근권을 보장해야 한다. 즉 접근을 용이하게 하기 위한 엘리베이터 시설이나 휠체어를 이용할 수 있는 통로가 마련되어야 한다.

그러나 근대 시민의 자연권은 자유권만 보장한 것이 아니다.

소유권도 자연권으로 보장하고 있다. 각자 자신이 소유한 정보와 표현물 및 재산에 대한 전권을 갖고 있고, 자기 결정권을 갖고 있다. 다른 사람이 갖고 있는 미술품, 도서 영상물 등을 소유주 허락없이 이용할 수 없다. 그리고 개인이 소유한 건축물, 공연장 등 시설물에 허락없이 들어갈 수 없다.

이런 사적 소유권은 표현자유의 제약 요건이 된다. 이런 제약 요건을 보완하기 위하여 공공시설을 통하여 정보 접근권을 높일 수 있다. 공공도서관을 만들어 더 많은 도서나 정보에 접근할 수 있도록 하거나, 공공 미술관, 공공 박물관 등을 만들어서 접근이나 접촉의 기회를 넓혀 줄 수 있다. 더 나아가 인터넷 등 정보망을 이용하여 공적 정보에 대한 접근 및 사용을 더 쉽게 할 수 있다.

정보 접근과 이용에 대한 것을 권리로 인정한 것이 알권리다. 알권리는 자신의 사상이나 신념, 의견 등을 형성하는 데 필요한 정보를 접근할 수 있는 권리다. 공적 정보나 공공의 이해와 관련된 정보의 독점을 막고, 누구나 공평하게 이들 정보에 대해서 접근 및 이용할 권리다. 이런 알권리는 더 나아가 공공의 이해에 관련된 정보에 대한 공개의무 뿐 아니라, 정보공개를 청구할 수 있는 권리로 까지 구체화되고 있다.

특히 민주주의 정치체제에서 알권리는 무엇보다도 중요하다. 주권자인 국민은 정부가 무엇을, 왜, 어떻게 하는지 알아야 한다. 알지 못하면 의사 결정을 할 수 없다. 알지 못하면 위임된 권력을 비판, 감시할 수 없다. 알아야 자신의 사상이나 신념, 의견을 형성할 수 있다.

또한 국민들은 다른 사람들의 의견이 어떠한지 알아야 한다. 언론이 국가나 사적 기업에 의해 독점되어 있다면 다양한 의견을 들을 수 없다. 특정세력의 의견이나 사상만을 들을 수 있는 상황에서 알권리는 실현될 수 없다. 다양한 표현들이 유통될 수 있고, 또한 다양한 의견과 사상을 듣고 볼 수 있어야 한다. 따라서 사상이나 신념, 의견의 다양성이 보장되어야 하고, 그런 표현행위들을 자유롭게 접근할 수 있어야 한다.

2) 표현할 자유

자신의 사상이나 신념, 의견을 형성하기 위하여 정보에 접근하고, 수집 이용하는 것을 보장한다 하더라도 그런 것들을 표현하지 못하도록 한다면 표현의 자유는 없다. 자신의 사상이나 신념, 사상, 감정 등을 말, 글, 그림, 몸짓, 신호, 음악, 영상, 공연예술 등으로 표현하는 행위가 자유로워야 한다.

어느 공간에서 표현하든 최대한 표현장소가 보장되어야 한다. 공연장을 만들어 공연자들이 장소로부터 제약을 받지 않도록 지원하는 것도 표현의 자유를 증진시키는 것이다. 미술관을 만들어 미술전시를 자유롭게 할 수 있도록 지원하는 것도 표현 자유를 증진하는 것이다. 특정 야외공간에서 자유롭게 공연을 하거나 판토마임을 할 수 있도록 하는 것도 표현의 자유 보장이다. 퀘어 축제처럼 자신들의 생각이나 사상, 문화를 축제처럼 하는 것도 자유다. 뿐만 아니라 집단적으로 함께 거리를 행진하면서 하는 집회 및 시위도 표현의 자유다.

표현할 자유는 표현할 수 있는 능력에 의해 제약 받는다. 자신의 생각이나 사상, 신념, 감정을 다양한 방법으로 표현할 수 있는 능력이 좋으면 좋을수록 표현의 자유를 잘 누릴 수 있다. 그림을 잘 그리는 사람은 그림을 그릴 줄 모르는 사람보다 더 자신을 잘 표현할 수 있다. 말을 잘하는 사람은 말을 잘 못하는 사람보다, 글로 자신의 사상이나 감정을 잘 표현할 수 있는 사람은 그렇지 못한 사람보다 표현의 자유를 잘 누릴 수 있다.

따라서 표현할 자유를 누릴 수 있기 위해서는 교육을 받아야 한다. 얼마나 많은 교육을 받을 수 있느냐에 따라 표현할 수 있는 능력도 달라진다. 악기 교육없이 악기를 잘 다루기 어렵다. 그림 교육 없이 그림을 잘 그리기 어렵다. 문자에 대한 교육 없이 문자를 해독하기도, 문자를 사용하기도 어렵다. 교육 받지 않고 표현할 능력을 키우기는 어렵다.

교육을 통하여 표현된 내용을 더 잘 이해할 수 있다. 아는 것만큼 보인다. 아는 것만큼 새로운 정보를 습득하는 데 더 유리하다. 교육을 받으면 받을수록 외적 정보를 더 잘 이해할 수 있다. 더 잘 이해할 수 있는 것만큼 또한 더 잘 표현할 수 있다. 교육 받을 수 없다면 표현할 자유가 아무리 보장되어 있다 하더라도 한계를 가질 수밖에 없다.

표현할 자유가 있다면 표현하지 않을 자유도 있다. 공연을 강제하거나 선전 선동 포스터를 만들도록 강제하는 것은 표현의 자유를 침해하는 것이다. 집회에 개인 의사에 관계없이 동원되었다면 표현자유를 침해당한 것이다. 협박이나 위협에 의해서 그림을 그리거나 글을 작성하였다면 표현할 자유가 침해당한 것이다.

권력은 다양한 방법으로 표현할 자유에 개입한다. 국가는 정책적 지원과 지원 단절을 통하여 표현의 자유에 개입한다. 정부에 비판적인 학자, 비판적인 문화 예술가들에 대한 지원을 철회하거나 방해함으로써 표현의 자유를 통제한다. 또한 친 정부적인 학자, 문화예술가들의 지원을 통하여 표현 활동을 촉진하기도 한다. 더 나아가 권력이 권력 친화적인 표현물을 주문 생산하기도 한다.

표현할 권리가 있다면 타인의 표현을 수용하지 않을 권리도 있다. 다른 사람의 표현을 듣지 않거나, 보지 않을 권리가 있다. 종교기관이 새벽마다 확성기로 종교음악을 튼다면 다른 사람들의 듣지 않을 권리를 침해한 것이다. 이 경우 듣지 않을 수 있는 선택이 거의 존재하지 않는다. 길거리에 전시된 음란물로 인해 많은 사람들이 매우 불편하다면 타인의 권리를 침해한 것이다.

3) 표현수단의 소유 및 활용의 자유

자기의 사상이나 신념을 표현하기 위한 수단들이 필요한 경우들이 많다. 음악을 위하여 악기가 필요할 수도 있고, 글을 쓰기 위해서는 필기도구가, 신문제작이나 출판을 위해서는 인쇄장비가 필요하다. 공연을 위해서는 무대장치, 음향시설, 조명시설 등도 필요하다. 미디어가 발전함에 따라 미디어를 이용할 수도 있어야 한다.

표현을 위하여 어떤 장비를 사용하던 자유로워야 한다. 표현도구 사용에 대한 제한은 표현의 자유를 제한할 수 있다. 예를 들면 신문사 설립을 위하여 윤전기 2대 이상을 소유한 경우에만 허가한다면 윤전기를 구입할 수 없는 사람들은 신문사를 설립할 수 없게 된다. 신문사 설립을 위하여 꼭 윤전기를 소유해야만 가능한 것은 아니다. 임대를 통하여서도, 공동으로 구입하여 공동으로 윤전기를 이용할 수도 있다.

소유권을 자연법으로 보고 있는 한 표현할 도구나 미디어를 소유할 권리 역시 보장된다. 이런 표현 도구들은 소유권을 기반으로 하는 자본주의 시장사회에서 상품으로 실현된다. 표현 도구들을 구입할 수 없거나 표현도구 구입을 하지 못하도록 하는 외부 강제가 있다면 그만큼 표현의 자유는 제약된다.

시장이 표현자유의 장벽이 될 수 있다. 시장에서 표현 도구를 구입할 능력이 없는 사람들은 그만큼 표현자유가 제약된다. 그에 따라 표현을 통한 사회적 영향력도 달라진다. 기술이 고도화되고 미디어 시설 및 운영에 대한 대자본이 필요함에 따라 표현할 도구 사용에 대한 독점도 이루어지고 있다,

자신의 표현을 위한 도구에 대한 이용이나 접근이 불가능하다면 그만큼 표현의 자유는 제한된다. 표현의 자유를 촉진하기 위하여 표현 도구에 대한 접근을 쉽게 할 필요가 있다. 표현 도구를 무료로 대여하거나, 표현 도구 구입에 대한 지원 사업을 한다면 그만큼 표현의 자유는 커진다. 영화에 대한 제작비 지원이나 공연을 위한 지원, 예술에 대한 지원 사업들은 표현도구의 이용에 대한 비용을 줄여 준다. 표현의 자유는 그만큼 커진다. 학교가 학생들에게 미술용품 및 악기, 컴퓨터 및 표현 도구를 무료로 지원하거나 공동으로 사용 또는 무료 임대한다면 표현자유 실현은 더 쉬워진다.

공연 예술을 공연하기 위해서는 음향, 조명 등이 잘 갖추어진 공연장을 저렴하게 이용할 수 있거나 무료 이용할 수 있도

록 한다면 그만큼 공연은 쉬워진다. 1년에 몇일 공연하는 공연 집단이 그런 시설을 갖추는 것은 불가능하다. 그리고 그런 공연장을 짓는 데는 많은 자본이 들 수도 있다. 공연장을 공공시설로 설립하여 저렴하게 이용할 수 있도록 지원한다면 그만큼 표현 자유는 증진될 수 있다. 공공시설로 공연장을 제공하는 것도 표현 자유를 증진하는 기능을 한다.

방송 콘텐츠를 직접 제작할 수 있도록 방송 제작 시설·장비 등을 무료로 제공하고, 방송 제작시설이나 장비 사용 교육과 콘텐츠 제작 교육을 하는 것도 표현의 자유를 확장하는 것이다. 자본집약적이고 기술집약적인 미디어를 모든 개인이 소유하여 이용하는 데에는 한계가 있다.

소수자 그룹이나 시민들이 직접 운영하는 미디어에 대한 지원 사업을 통하여 스스로를 대변할 수 있도록 하는 것도 표현 자유의 확장이다. 공적 지원만큼 공적의무를 부과하고 공적인 통제를 받도록 할 필요가 있다.

4) 사회적으로 공표할 자유

정보접근과 표현할 자유가 주어지고 표현 도구에 대한 접근을 보장한다 할지라도 사회적으로 공표할 자유가 없다면 표현의 자유도 그만큼 줄어든다. 마음대로 표현하되 모두 사적 공간에서만 하도록 한다면, 또는 특정 표현에 대해서 사회적으로 공표하는 것을 제약한다면 그만큼 표현의 자유는 없다.

독립영화를 상영할 영화관, 등급외 영화를 상영할 상영관, 그림을 그렸는데도 전시할 공간, 공연을 기획하였으나 공연할 장소가 없다면 그만큼 표현의 자유는 실현되기 어렵다. 독점화되어가는 미디어에 대한 접근권을 확보하는 것도 표현 도구에 대한 자유 확장이다. 자신의 표현물을 사회적으로 널리 알리고 싶지만 그런 수단이 없어 하지 못하는 경우도 마찬가지다. 미디어가 소수자에게 독점되어 있다면 다수의 사람들은 자신들의 생각을 사회적으로 널리 알리는 데 제약을 받을 수밖에 없다. 따라서 자신들의 표현을 널리 알릴 수 있는 시설을 공적으로 제공하거나, 사적 소유의 독점 미디어에 대한 접근권을 허용한다면 그만큼 표현의 자유는 확장된다.

독점 미디어 시장에서 표현에 대한 반대의견을 동일시간 동일 지면에 표현할 공간을 더 많이 마련한다면, 개인의 권리에 대한 침해 기사에 대한 반론권을 보장해 준다면, 허위사실이 있는 보도에 대한 정정보도를 청구할 수 있다면 그만큼 표현의 자유가 보장된 것이라 할 수 있다.

매스미디어가 독점화됨에 따라 미디어를 소유하거나 지배하는 자본가들의 영향력이 커지고 있다. 반면에 일반 시민들의 미디어 소유와 미디어 접근은 더 어려워지고 있다. 이에 따라 시민과 사회의 미디어 접근권을 높여줌으로서 여론의 다양성을 확보할 수 있는 제도들을 도입하고 있다. 케이블 TV에 퍼블릭 액세스 채널을 도입하거나, 지상파 방송의 특정 시간대 액세스 프로그램을 방송하도록 하고 있다.

우리 방송법에는 KBS의 경우 시청자가 직접 제작한 프로그램을 일정시간 방송하도록 하고 있다. 그리고 케이블 TV와 위성방송도 시청자들이 자체 제작한 프로그램을 일정 시간 이상 편성하도록 하고 있다. 이런 제도를 통해 시민들의 사상이나 의견을 사회적으로 표현할 자유를 높여주고 있다. 나아가 스마트 미디어의 발달로 개인 미디어들이 등장하면서 사회적으로 표현할 자유는 더 확장되고 있다.

5) 표현물 소비의 자유

다른 사람이 만든 표현물을 외부의 어떤 강제 없이 마음대로 볼 수 있는 자유가 많으면 많을수록 표현의 자유는 커진다. 다른 사람이 만든 특정 표현물에 대한 이용이나 접촉을 할 수 없다면 그만큼 표현의 자유는 줄어든다. 외부정보의 추구와 접근의 자유, 표현할 자유, 표현수단 사용, 사회적으로 공표할 자유가 있다 하더라도, 표현물을 소비하고자 하는 사람이 마음대로 이들 표현물을 소비할 수 없다면 그만큼 표현의 자유는 제약될 수밖에 없다.

얼마나 다양한 표현물들이 생산되어 공급되느냐에 따라 표현물 소비의 자유도 달라진다. 자신이 소비하고 싶은 표현물이 생산 공급되지 않는다면 그만큼 표현물 소비의 자유는 감소한다. 자본주의 시장사회에서 상품성 높은 표현물만 생산되고, 소수자들이 사용하는 표현물이 시장에서 실패하여 생산되지 않는다면 그만큼 소수자들의 표현물 소비 자유는 줄어든다. 이것은 시장에 의한 표현물 소비의 제약이다. 독립영화와 예술영화를 소비하고 싶지만 그런 상품들이 상영될 공간이 없어 상영할 수 없다면, 이런 영화를 좋아하는 사람들의 표현물 선택소비에 대한 자유가 그만큼 제한된다. 동시에 상영할 공간이 없고, 그에 따른 시장실패로 그런 영화들 제작 자체가 사라진다면 선택의 폭은 더 줄어 들 것이다.

표현물 소비에 대한 외부의 간섭이나 강제가 있다면 표현물 소비의 자유는 감소하게 된다. 국가가 영화 상영 전에 무조건 국가홍보물을 시청하도록 강제한다면 그만큼 표현물 소비의 자유가 침해당한다고 할 수 있다. 방송에서의 중간 광고도 표현물 소비에 대한 자유를 침해할 소지가 있다. 다만 방송은 광고시간에 채널을 돌리거나 장소를 떠남으로써 피할 수 있다는 면에서, 그리고 광고 시청의 댓가로 표현물을 이용한다는 면에서 어느 정도 감수할 여지는 있다.

특정 표현물 소비를 하지 못하도록 강제한다면 그 역시 표현물 소비의 자유를 침해한 것이라 할 수 있다. 사회주의 이념 서적이나 정부비판 작품을 보지 못하도록 국가가 강제한다면 그만큼 표현물 소비의 자유가 침해된다. 음란표현물에 대한 지나친 규제로 인하여 이들 출판물을 소비할 수 없다면 그만큼 표현물 소비가 침해당했다고 할 수 있다.

국가가 표현물 소비를 더 쉽고 용이하게 할 수 있도록 지원한다면 그만큼 표현물 소비의 자유는 증가할 것이다. 시장에서 실패하는 표현물들에 대한 지원사업을 통하여 표현물을 생산 공급하거나, 공공전시 공간, 공연예술 공간, 공공도서관등을 설치하여 표현물 소비를 용이하게 한다면 그만큼 표현물 소비의 자유는 커질 것이다.

6) 표현의 자유에 대한 한계

근대 계약론자들은 생명권, 소유권, 자유권, 평등권 등을 자연권으로 하고 있다. 표현의 자유는 생명권과 깊이 관련 있다. 표현의 자유가 없다면 다른 사람에게 위험을 알릴 수도 없다. 위험을 알 수 없다면 생명은 위태롭다. 생명권 보장을 위해서도 표현의 자유는 필요하다.

표현의 자유는 타인의 생명권을 침해해서는 안된다. 자신의 표현 수단으로 사람의 목숨을 이용해서는 안된다. 타인에 대한 자신의 분노를 표현하기 위하여 다른 사람을 벼랑 아래로 떨어뜨려 숨지게 할 수는 없다. 이것을 나의 분노를 표현하기 위한 방법이었다고 할 수 없다.

소유권이 없다면 자기 자신에 대한 소유권도 주장하기 어렵다. 자기소유권은 자기 결정권의 근간이다. 자기 자신에 대해서 스스로 결정할 수 없다면 표현의 자유도 없다. 표현에 필요한 도구에 대한 소유도 주장할 수 없다. 소유권에 대한 소유는 상호적이다. 즉, 타인의 소유권을 침해해서는 안된다는 것을 말한다. 다른 사람 소유의 집안을 허락없이 들여다 볼 권리는 없다. 그리고 다른 사람들을 말하지 못하게 하거나 오감을 사용하지 못하도록 강제할 수 없다. 나아가 각자의 표현물은 각자의 소유다. 즉 표현물에 대한 소유권을 갖는다. 타인 소유의 표현물을 침해해서는 안된다.

모든 사람은 평등하게 태어났다는 면에서 모두 평등하다. 뿐만 아니라 모두 평등하게 자연권을 갖고 있다. 표현의 자유도 모두 평등하게 갖고 있다. 따라서 누구도 더 많은 표현의 자유를 갖고 태어나지 않았다. 자기 자신의 표현의 자유를 위하여 다른 사람의 표현 자유를 규제할 권리가 없다. 표현의 자유로 표현의 자유를 규제할 권리는 누구도 없다.

3. 표현의 자유와 헌법

표현 자유의 내용을 정확하게 정의하기는 어렵다. 전쟁을 강력하게 비판하는 경우, 전쟁을 옹호하는 사람들을 불편하게 할 수 있다. 타인에 대한 모욕적인 표현이나 모략적인 표현은 나의 자유 실현이지만 다른 사람의 인권을 침해할 수 있다. 표현의 자유가 헌법에 의해 어떻게 보장되고 그 한계가 정해지는지 살펴보면 표현 자유의 내용적 측면과 실천적 측면을 더 쉽게 이해할 수 있다.

표현의 자유는 헌법에 의해 보장되기도 하지만 헌법에 의해서 제약되기도 한다. 특히 표현의 자유는 국가권력의 남용에 대한 저항을 통해 확보되어 온 역사가 있다. 그것의 헌법적 결과는 국가권력의 자의적인 권력남용을 막는 것이었다. 권력에 대한 비판의 자유는 국가가 그것을 보장해야 한다는 것을 의미하면서 비판의 자유를 억압해서는 안된다는 의무도 부과한다.

자유민주주의 운동의 핵심사상 가운데 하나는 헌법 원칙을 도입하는 것이었다. 오늘날 민주적 절차는 헌법에 따라 개인들의 통치 참여를 보장하고, 다른 한편으로 법으로 통치자의 자의성을 제한한다. 헌법이 표현의 자유를 어떻게 보장하고 있는지, 권력의 자의성을 어떻게 제한하고 있는지 살펴보면, 표현자유의 실체를 파악할 수 있을 것이다.

헌법은 표현의 자유를 명시적으로 규정하고 있지 않다. 그렇지만 헌법 제21조에는 언론·출판의 자유와 집회·결사의 자유를 규정하고 있고, 헌법 제22조에는 학문과 예술의 자유를 규정하고 있다. 헌법은 언론·출판의 자유와 집회·결사의 자유와 학문과 예술의 자유에 대한 보장 뿐 아니라 이들 자유에 대한 제한 조건도 규정하고 있다.

헌법 제21조는 "① 모든 국민은 언론·출판의 자유와 집회·결사의 자유를 가진다. ② 언론·출판에 대한 허가나 검열과 집회·결사에 대한 허가는 인정되지 아니한다. ③ 통신·방송의 시설기준과 신문의 기능을 보장하기 위하여 필요한 사항은 법률로 정한다"고 규정하고 있다. 그리고 헌법 제22조에는 "① 모든 국민은 학문과 예술의 자유를 가진다. ② 저작자·발명가·과학기술자와 예술가의 권리는 법률로써 보호한다"라고 규정하고 있다.

이와 같이 언론·출판의 자유와 집회·결사의 자유, 학문 예술의 자유를 보장하면서도 헌법 제21조 ④항에는 "언론·출판은 타인의 명예나 권리 또는 공중도덕이나 사회윤리를 침해하여서는 아니 된다. 언론·출판이 타인의 명예나 권리를 침해한 때에는 피해자는 이에 대한 피해의 배상을 청구할 수 있다"라고 규정함으로써 언론자유에 대한 제한 규정을 두고 있다. 뿐만 아니라 헌법 제37조 ②항에도 "국민의 모든 자유와 권리는 국가안전보장·질서유지 또는 공공복리를 위하여 필요한 경우에 한하여 법률로써 제한할 수 있으며, 제한하는 경우에도 자유와 권리의 본질적인 내용을 침해할 수 없다"고 규정하고 있다. 즉 언론·출판의 자유와 집회·결사의 자유, 학문 예술의 자유는 타인의 명예나 권리, 공중도덕이나 사회윤리를 침해해서도 안 되며, 국가안전보장·질서유지 또는 공공복리를 위하여 필요한 경우에 한하여 법률로써 제한할 수 있다.

헌법에 표현의 자유가 명시적으로 표현되어 있지 않지만 헌법을 해석하는 헌법재판소는 표현의 자유를 광범위하게 사용하고 있다. 헌법재판소가 해석하고 있는 표현의 자유는 어떠한지, 표현의 자유를 구성하는 각 하위 자유들에 대해서 어떻게 해석하고 있는지 먼저 살펴본다. 그리고 헌법에 규정된 표현자유에 대한 제한 규정들에 대해서 어떻게 적용하고 해석하는지도 살펴본다.

1) 표현 자유에 대한 헌법재판소의 해석

헌법 제1조는 "대한민국은 민주공화국이다"라고 규정하고 있다. 헌법은 공화국임을 선언함으로써 자기 통치의 원리, 즉 자치의 원리를 선언하고 있다. 이에 따라 헌법 제1조 2항은 대한민국의 주권은 국민에게 있고, 모든 권력은 국민으로부터 나온다는 주권재민과 자기 통치를 선언하고 있다.

헌법재판소는 표현의 자유를 우리 헌법상 민주주의 근간이 되는 핵심적 기본권으로 보고 있다. 표현자유가 보장되지 않는다면 민주주의는 실현될 수 없고, 국민주권 역시 실현될 수 없다고 보고 있다. 사회구성원 사이에서 다양한 사상과 의견이 자유롭게 교환되고, 공적 사안들에 관한 공개적인 토론과 자유로운 비판이 이루어질 때, 즉 자유로운 논쟁과 의견의 경합이 있을 때 민주적 의사형성이 가능하다고 보고 있다(2017헌마1113, 2018헌바330).

우리헌법은 표현의 자유를 따로 규정하고 있지 않다. 헌법 21조의 언론출판의 자유와 집회결사의 자유, 제18조 통신의 자유, 제19조 양심의 자유, 제20조 종교의 자유, 제22조 학문과 예술의 자유, 제31조 교육받을 권리 등을 기본권으로 보장하고 있다. 헌법재판소에 따르면 언론·출판의 자유는 "종교의 자유, 양심의 자유, 학문과 예술의 자유와 표리관계"에 있고 그러한

"정신적 자유를 외부적으로 표현하는 자유"라고 보고 있다(헌재 1989. 9. 4. 88 헌마22; 헌재 2010. 2. 25. 2008헌마324등)

헌법 제21조 1항에는 "모든 국민은 언론·출판의 자유와 집회·결사의 자유를 가진다"고 규정하고 있다. 헌법재판소에서는 언론·출판의 자유와 집회 ·결사의 자유를 표현의 자유라고 해석하고 있다. 헌법재판소는 "헌법 제21조 제 1항은 표현의 자유를 보장하고 있다"(2017헌마1113, 2018헌바330)고 명시하고 있다.

헌법 제19조는 "모든 국민은 양심의 자유를 가진다고"고 규정하고 있고 헌법 제20조는 "모든 국민은 종교의 자유를 가진다"고 규정하고 있다. 헌법 재판소는 헌법 제21조의 표현의 자유는 종교의 자유, 양심의 자유 등 정신적 자유를 외부적으로 표현하는 자유(헌재 1989. 9. 4. 88헌마22; 헌재 2010. 2. 25. 2008헌마324등)라고 해석함으로써 양심과 종교에 대한 표현의 자유를 보장하고 있다.

헌법 제22조는 "모든 국민은 학문과 예술의 자유를 가진다"고 규정하고 있다. 대법원은 <제국의 위안부 명예훼손 사건>에서 "학문적 표현의 자유는 학문자유의 근간을 이룬다"면서 "헌법 제21조 1항이 학문의 자유를 특별히 보호하는 취지에 비추어 보면, 학문적 표현의 자유에 대한 제한은 필요 최소한에 그쳐야 한다"고 판시하고 있다(대법원 2023, 10. 26. 선고 2017도 18697). 헌법재판소는 음반 및 비디오물에 관한법률 17조 위헌 판결에서

"비디오물은 학문적 연구 결과를 발표하는 수단이 되기도 하고 예술표현의 수단이 된다면서 제21조 제1항과 제2항에 의하여 보장받는다"고 판시하고 있다(공연법1998. 12. 24. 96헌가23 전원재판부). 학문과 예술의 자유도 표현의 자유없이 실현하기 어렵다는 면에서 표현자유의 실질적 내용을 구성하고 있다.

그러나 소수의견으로 헌법재판관 조대현은 방송법 제32조 제2항 등 위헌확인(2008. 6. 26. 2005헌마506 전원재판부)에서 헌법 제21조의 "언론·출판"은 모든 의사표현행위를 의미하고, 모든 표현수단과 매개체를 포함하다는 기존의 해석과 다른 해석을 내어놓고 있다. 그는 헌법 조문에 충실하게 표현의 자유를 해석하고 있다. 조대현 헌법재판관은 "우리 헌법 제21조는 독일 기본법 제5조나 일본 헌법 제21조와 달리 모든 의사표현의 자유를 보장하는 것이 아니라 여러 가지 의사표현행위 중에서 언론·출판의 자유에 대해서만 규정하고 있다. 언론·출판 이외의 표현행위에 대해서는 통신의 자유(제18조), 양심의 자유(제19조), 종교의 자유(제20조), 학문과 예술의 자유(제22조) 등을 독립된 기본권으로 보장하고 있고, 일반적 표현(말하기, 글쓰기, 몸짓, 가무 등)의 자유를 헌법 제10조 및 제32조 제1항에 의하여 보장하고 있다. 따라서 우리 헌법에서는 언론·출판 이외의 표현행위를 모두 헌법 제21조 제1항의 언론·출판의 개념 속에 포함시켜 해석할 필요가 없다"는 해석을 하고 있다.

그리고 그는 "말이나 글이 아닌 다른 표현수단에 의한 표현행위, 사람의 의견이나 사상이 아니라 감정이나 느낌을 표현하는 행위, 말이나 글에 의한 의사표현이라고 하더라도 민주사회의 토론과 여론 형성을 목적으로 하지 않거나 불특정 또는 다수인에게 공표하거나 전파하는 것이 아닌 표현행위는 헌법 제21조의 언론·출판의 자유에 의하여 보호되는 것이 아니라, 표현행위의 목적·방법·내용 등에 따라 통신의 자유(제18조), 양심표현의 자유(제19조), 종교표현의 자유(제20조), 학문과 예술의 표현의 자유(제22조), 일반적 표현의 자유(제10조, 제32조 제1항) 등에 의하여 보호되거나, 표현행위의 목적·방법·내용 등에 비추어 가장 밀접한 관련이 있는 기본권의 보호영역에 포섭된다."고 밝히고 있다.

2) 표현 자유의 구성 요소들에 대한 해석

헌법은 표현의 자유를 명시적으로 규정하지 않고 있다. 따라서 헌법재판소의 판례에서 표현의 자유를 어떻게 구체적으로 해석하고 있는지를 통해 헌법적 의미를 살펴보고자 한다. 이를 위하여 표현자유의 개념을 구성하는 정보추구와 접근의 자유, 표현할 자유, 표현수단의 소유 및 활용의 자유, 표현에 대한 전파의 자유, 표현물 소비의 자유를 헌법재판소는 어떻게 설명하고 있는지 살펴보고자 한다.

(1) 정보 추구와 접근의 자유

표현의 자유는 정보추구와 접근의 자유가 보장되어야 한다. 우리 헌법재판소는 헌법 제21조 제1항을 그 헌법적 근거로 하여 알권리를 인정하고 있다. 알권리는 헌법 제21조의 표현의 자유에 의하여 직접 보장되는 권리다. 알권리는 국가권력의 방해 없이 정보에 접근하고 수집, 처리할 수 있어야 할 뿐만 아니라 주권자인 국민의 의사 결정을 위해 필요한 정부의 정보를 제공받을 권리이기도 하다.

국가가 적극적으로 공개의무가 있는 정보를 국민들이 더 쉽게 접근하여 알 수 있도록 적극적인 조치를 할 의무사항이다. 또한 정부나 공공기관이 보유하고 있는 정보에 대하여 정당한 이해관계가 있는 자가 그 공개를 요구할 수 있는 적극적 권리이기도 하다. 이것을 구체화한 정보공개 청구권은 알권리의 청구권적 성질과 밀접하게 관련되어 있고 헌법 제21조에 의하여 직접 보장된다(헌재 2019. 7. 25. 2017헌마1329 참조).

표현의 자유와 알권리는 둘의 관계가 밀접해서 뗄 수 없는 관계다. 즉 알권리 없이 표현의 자유를 논할 수 없고, 표현의 자유를 알권리 없이 논할 수 없다. 알지 못하면 표현할 수 없다. 알기 위하여 다양한 외부의 사물들과의 접촉 뿐 아니라, 다양한 정보에 대한 접근과 수집이 가능해야 한다. 정부는 국민의 정보 접근과 수집, 처리에 어떤 방해도 하지 않아야할 뿐 아니라 나아가 적극적으로 정보를 공개함으로써 국민의 알권리를 충족하도록 해야 한다. 이것이 헌법적 가치에 충실한 정부라고 할 수 있다.

주권자인 국민은 권력이나 공무원에 대한 감시, 비판을 위하여, 의사형성이나 여론형성을 위하여 적극적으로 정보를 수집하고, 그 방해에 대한 제거를 요구할 권리가 있다. 그럼에도 불구하고 많은 국가권력이나 정부기관들은 자신들에게 불리한 정보를 은폐하거나 발표하려 하지 않음으로써 국민의 민주적 의사결정을 방해하고 있다.

헌법재판소는 알권리에 대한 자유권적 성격을 더 적극적으로 해석하여, “장애인들도 장애인들이 아닌 사람이 접근할 수 있는 정보에 다른 사람의 도움 없이 자유롭게 접근할 수 있는 권리를 갖는다”(2002. 12. 18. 2002헌마52)고 해석함으로써 장애인의 알권리를 보장해야 한다고 보고 있다.

헌법재판소는 선거권을 공정하고 정당하게 행사하기 위해서는 후보자가 누구인지, 후보자나 소속정당의 정책 및 공약이 무엇인지에 대한 충분한 정보가 제공되어야 하고, 이에 대한 유권자의 알권리가 보장되어야 한다고 했다.

현재 방송법에는 청각장애인에 대한 선거정보의 제공의무화가 규정되어 있다. 지상파방송사업자, 위성방송사업자, 종합편성, 보도전문편성의 방송채널사용사업자, 그리고 종합유선방송사업자, 방송채널사용사업자로서 해당사업자의 매출액, 시청점유율 등을 고려하여 방송통신위원회가 고시하는 사업자는 선거방송에서 한국수어, 폐쇄자막, 화면해설 등을 이용한 방송을 할 의무를 부담하도록 하고 있다.

시각장애인도 정치적 정보에 접근할 수 있어야 한다. 국가는 과도한 부담이나 현저히 곤란한 사정 등이 있지 않는 한 후보자 등에 대한 정치적 정보를 종합적이고 체계적으로 취득하기 위한 핵심적 수단에 대한 필요한 조치를 해야 한다. 그렇지 않은 경우 선거의 공정성을 훼손하고 시각장애 선거인에게 실질적인 차별 및 불평등이 초래된 경우에는 헌법상 보장된 시각장애선거인의 선거권을 침해한다(2014.5. 29. 2012헌마913 결정의 반대의견 참조). 즉 선거에서 알권리가 제대로 실현되지 않는다면 민의를 왜곡하는 결과를 초래하고 선거제도의 본래적 기능과 대의민주주의 본질이 훼손될 수 있다.

국립중앙도서관이 16세 미만인 자에 대해서 도서관 이용을 제한하는 것은 국민의 알권리와 정보 접근권을 침해 하는 것이라는 헌법소원이 있었다. 이에 대해 헌법재판소는 16세 미만인 자에 대하여 국립중앙도서관 자료이용을 확정적으로 제한한 것이 아니고, 국립중앙도서관장이 필요하다고 인정한 경우에 예외적으로 자료이용이 가능하도록 규정하고 있기 때문에 헌법소원대상이 될 수 없다고 했다(2018헌마274). 만약 16세 미만인 자에 대해 국립중앙도서관 자료이용을 확정적으로 제한하였다면 알권리와 정보 접근권, 평등권, 학문의 자유 등을 침해했다고 볼 수 있다.

(2) 표현할 자유

헌법재판소는 의사표현의 자유는 언론출판자유에 속하다고 해석하고 있다. 의사 표현할 자유는 그것이 어떤 내용과 형식이든 관계없이 보장된다. 표현할 자유는 "담화·연설·토론·연극·방송·음악·영화·가요 등과 문서·소설·시가·도화·사진·조각·서화 등 모든 형상의 의사표현을 포함"한다(헌재 1993. 5. 13. 91헌바17, 판례집 5-1, 275, 284). 자신의 사상이나 신념, 의견을 어떤 방식으로 표현하든 자유롭다. 표현할 자유는 그 내용 뿐 아니라 그 형식의 선택까지 자유로워야 한다. 즉 어떤 내용이든지 표현할 수 있어야 하고, 어떤 형식으로든 표현할 수 있어야 한다.

헌법재판소는 표현할 자유에서 자신의 신원을 누구에게도 밝히지 않고 익명 또는 가명으로 자신의 사상이나 견해를 표명하고 전파할 익명표현의 자유가 있다(헌재 2010. 2. 25. 2008헌마324등, 판례집 22-1상, 347, 363)고 했다. 정치적 보복이나 차별의 두려움 없이 자신의 생각과 사상을 자유롭게 표출할 수 있도록 익명이나 가명 표현이 보장되어야 한다.

익명표현은 권력에 대한 자유로운 비판 및 내부고발을 가능하게 한다. 정치적 익명표현을 규제할 경우 정치적 보복을 당할 우려 때문에 일반 국민은 자기검열 하에서 비판적 표현을 자제하게 될 것이다. 그 결과 의사표현 자체를 위축시킴으로써 자유로운 여론형성을 방해하여 민주적 의사결정을 방해할 것이다. 특히 정치적 약자나 소수자들은 보복이나 차별의 두려움 때문에 익명표현을 보장하지 않을 때 스스로 자기검열을 통하여 표현을 자제할 수 있다. 따라서 익명표현은 정치적 약자나 소수자의 의사를 국가의 정책결정에 반영되도록 한다는 점에서 표현자유의 핵심에 해당한다. 물론 익명표현이 무책임하고 악의적으로 행해질 경우 사회적 해악도 발생할 수 있다. 그러나 익명표현의 자유는 그것이 갖는 헌법적 가치에 비추어 강하게 보호되어야 한다(2010. 2. 25. 2008헌마324, 2009헌바31(병합)).

헌법은 표현하지 않을 권리도 인정하고 있다. 헌법 제12조 제2항에는 "형사상 자기에게 불리한 진술을 강요당하지 아니한다"라고 규정하고 있다. 헌법은 형사책임에 관하여 자신에게 불이익한 진술을 강요당하지 아니할 것을 국민의 기본권으로 보장하고 있다.

헌법재판소는 헌법이 진술거부권을 국민의 기본적 권리로 보장하는 것에 대해 "첫째 피고인 또는 피의자의 인권을 실체적 진실발견이나 사회정의의 실현이라는 국가이익보다 우선적으로 보호함으로써 인간의 존엄성과 가치를 보장하고 나아가 비인간적인 자백의 강요와 고문을 근절하려는데 있다. 둘째 피고인 또는 피의자와 검사 사이에 무기평등을 도모하여 공정한 재판의 이념을 실현하려는데 있다. 이런 진술거부권은 형사절차뿐만 아니라 행정절차나 국회에서의 조사절차 등에서도 보장된다. 그리고 현재 피의자나 피고인으로서 수사 또는 공판절차에 계속 중인 자뿐만 아니라 장차 피의자나 피고인이 될 자에게도 보장된다. 또한 진술거부권은 고문 등 폭행에 의한 강요는 물론 법률로써도 진술을 강요당하지 아니함을 의미한다(헌재 1997. 3. 27. 96헌가11, 판례집 9-1, 245, 256 참조)"고 판시했다.

표현할 자유는 표현할 능력과 관계있다. 표현할 능력이 많으면 많을수록 표현을 잘할 수 있다. 교육없이 표현할 능력을 갖추기 어렵다. 자신의 생각이나 사상, 감정을 표현하고 싶은데 그림을 그릴 줄 모르거나 글을 쓸 능력이 없으면 그만큼 표현할 수 없다. 표현할 수 없다면 그만큼 표현할 자유는 제한된다.

이런 표현할 수 있는 능력은 교육을 필요로 한다. 교육을 많이 받을수록, 받을 기회가 많을수록 표현할 능력은 향상될 수 있고, 그만큼 표현의 자유도 커진다. 뿐만 아니라 표현물을 제대로 이해하고 수용하려면 관련된 표현에 대한 이해능력이 있어야 한다. 예술품 등을 관람할 수 있다할지라도 예술품을 이해할 능력이 없다면 자신의 생각이나 사상을 새롭게 형성하는 데 도움이 되지 못한다. 따라서 교육을 받을 권리는 표현자유의 핵심적인 내용을 구성한다.

헌법 제31조에는 균등하게 교육받을 권리를 기본권으로 보장하고 있다. 모든 국민은 보호하는 자녀에게 적어도 초등교육과 법률이 정하는 교육을 받게 할 의무가 있다고 규정하고 있다. 국가는 학부모가 경제적 여건에 관계없이 교육의무를 이행할 수 있도록 의무교육을 무상으로 할 것을 원칙으로 하고, 국가에게 의무교육을 실시할 수 있는 인적 물적 여건을 마련할 의무를 지우고 있다. 그리고 국가는 평생교육을 진흥해야 한다고 규정하고 있다.

헌법에 따라 교육기본법은 의무교육 6년의 초등교육과 3년의 중등교육을 의무교육으로 규정하고 있다. 헌법재판소는 의무교육 무상의 범위에 있어서 학교 교육에 필요한 모든 부분을 무상으로 제공하는 것이 바람직한 방향이라고 보고 있다.

다만 "균등한 교육을 받을 권리와 같은 사회적 기본권을 실현하는 데는 국가의 재정상황 역시 도외시할 수 없으므로, 원칙적으로 의무교육 무상의 범위는 헌법상 교육의 기회균등을 실현하기 위해 필수불가결한 비용, 즉 모든 학생들이 의무교육을 받음에 있어서 경제적인 차별 없이 수학하는 데 반드시 필요한 비용에 한한다. 따라서, 의무교육에 있어서 무상의 범위에는 의무교육이 실질적이고 균등하게 이루어지기 위한 본질적 항목으로, 수업료나 입학금의 면제, 학교와 교사 등 인적·물적 시설 및 그 시설을 유지하기 위한 인건비와 시설유지비, 신규시설투자비 등의 재원 부담으로부터의 면제가 포함된다"고 했다(2012. 4. 24. 2010헌바164).

헌법재판소는 그 외에도 의무교육의 실질적인 균등보장을 위해 필수불가결한 비용은 무상의 범위에 포함된다고 했다. 한편, 의무교육에 있어서 본질적이고 필수불가결한 비용 이외의 비용을 무상의 범위에 포함시킬 것인지는 국가의 재정상황과 국민의 소득수준, 학부모들의 경제적 수준 및 사회적 합의 등을 고려하여 입법자가 입법 정책적으로 해결해야 할 문제로 보았다(2012. 4. 24. 2010헌바164).

(3) 표현수단 소유 및 이용의 자유(매체접근권)

표현의 자유를 실현하기 위하여 어떤 수단을 사용할 것인가도 중요하다. 만약 국가가 시설을 통한 표현자유를 규제한다면 표현자유의 침해가 된다. 따라서 방송시설이나 인쇄시설, 음반시설을 설립할 자유가 주어져야 한다. 만약 이들 자유에 대한 제한이 있다면 그만큼 표현의 자유가 침해된다.

의사표현의 매개체를 의사표현을 위한 수단이라고 전제할 때, 의사표현의 매개체는 헌법 제21조 제1항이 보장하고 있는 언론·출판의 자유의 보호대상이다. 그리고 의사표현·전파의 자유에 있어서 의사표현 또는 전파의 매개체는 어떠한 형태이건 가능하며, 그 제한이 없다(헌재 1993. 5. 13. 91헌바17, 판례집 5-1, 275, 284).

헌법 제21조 3항에는 "통신·방송의 시설기준과 신문의 기능을 보장하기 위하여 필요한 사항은 법률로 정한다"고 규정하고 있다. 자본주의 사회에서 통신 방송 시설이나 신문시설은 시장경제원리에 맡겨야 하는 것이 원칙이다. 그러나 표현매체로서의 특수한 기능을 고려하여 필요한 범위내에서 매체의 건전한 육성발전을 위한 일정한 의무와 책임을 부과할 수 있다. 그리고 시설기준을 법률로 정하도록 함으로써, 행정부가 자의적 개입을 할 수 없도록 했다.

언론·출판의 자유는 현대 자유민주주의의 존립과 발전에 필수불가결한 기본권이다. 이를 최대한 보장하는 것은 자유민주주의 헌법의 기본원리 중 하나다. 따라서 그 기능을 실질적으로 보장하고 활성화하기 위해서는 언론기관과 정기간행물인 신문 등의 발행을 업무로 하는 보도 및 출판매체가 건전하게 존립되고 운영되는 것을 전제로 한다 (1992. 6. 26. 90헌가23 全員裁判部).

따라서 출판기업이나 정기간행물을 발행하는 자는 언론의 건전한 발전을 도모하고, 종사자의 근무환경, 처우 기타 복리증진과 편집 및 제작활동을 보호하기 위하여 법률상 일정한 시설을 갖추도록 하여 언론·출판기업의 건전한 발전이 제도적으로 보장되도록 법률상의 등록의무규정을 제정할 수 있다(1992. 6. 26. 90헌가23 全員裁判部).

언론·출판에 대한 허가·검열금지의 취지는 정부가 표현의 내용에 관한 가치판단에 입각해서 특정 표현의 자유로운 공개와 유통을 사전 봉쇄하는 것을 금지하는 데 있다. 내용규제 그 자체가 아니거나 내용규제의 효과를 초래하는 것이 아니라면 "허가"에는 해당되지 않는다(헌재 1992. 6. 26. 90헌가23, 판례집 4, 300, 307; 헌재 1993. 5. 13. 91헌바17, 판례집 5-1, 275, 286 각 참조). 언론매체의 소유 및 운영, 매체시장 내에서의 질서, 타 매체나 서비스와의 관계에 관한 규제 등은 대체로 내용 중립적인 구조적 규제의 형태를 가지고 있으나, 이러한 규제가 위 금지된 허가에 해당되는지 여부는 그 규제내용의 실질에 따라 판단되어야 한다.

헌법상 표현의 자유는 표현자유의 내재적인 본질적인 표현 방법과 내용을 보장하는 것이지, 수단으로 필요한 시설이나 기업활동까지 포함하는 것은 아니다. 따라서 표현 수단에 대한 규제가 바로 표현의 자유를 침해하는 것으로 볼 수 없다. 이에 따라 언론의 건전한 발전과 그 기능의 보장을 위하여 일정한 시설을 갖추어 등록하게 하는 것은 언론자유의 본질적 내용의 간섭과는 관계없다. 시설 등록사항은 의사형성발표·정보수집 전달·여론형성 등을 내용으로 하는 실질적인 언론·출판의 자유가 아닌 보도의 수단이나 일정시설기준에 관한 것이다. 이것을 등록하게 하는 것은 언론·출판의 자유에 관한 본질적인 내용을 침해하지 않는다.

문제는 해당시설에 대한 등록의 요건을 지나치게 엄격히 규정하여 사실상 언론·출판매체의 자유로운 등록을 제한하는 경우, 실질적으로 표현의 자유를 직접 또는 간접적으로 침해할 수 있다. 이 경우 사실상 헌법에서 금지된 언론·출판의 허가제와 유사한 기능을 할 수 있다.

헌법재판소는 정기간행물 등록요건으로 "그 시설의 소유를 증명하는 서류를 갖추어 첨부"하도록 요구하는 것은 신문발행의 시설기준을 너무 엄격하게 제한한 것이라 보았다. 이런 제한은 언론·출판의 자유에 대하여 헌법상 금지된 허가제와 유사한 기능을 할 수 있다. 이 경우 언론·출판자유의 본질적 내용을 침해하는 것으로 볼 수 있다. 왜냐면 부수인쇄시설을 갖추는 데에는 소유권이 아닌 임대차 계약이나 리스를 통하여도 가능하기 때문이다.

헌법재판소는 똑같은 논리로 비디오물을 포함하는 음반제작자에게 시설을 갖추어 문화공보부에 등록하도록 한 것은 공공복리 목적을 위한 것으로, 허가제나 검열제로 볼 수 없다고 했다. 이것은 예술의 자유나 언론·출판의 자유를 본질적(本質的)으로 침해한 것이 아니다. 다만 시설을 자기소유로 한정하는 것은 헌법상 금지된 허가제의 수단으로 남용될 우려가 있다고 보았다(1993. 5. 13. 91헌바17 헌법재판소 전원재판부).

결론적으로 언론의 건전한 발전과 그 기능을 보장하기 위한 수단으로 일정한 기술적인 물적 시설을 갖출 것을 요구하는 것은 필요하다. 그러나 자기소유의 증명서를 갖추어 등록하도록 한 것은 지나치게 엄격한 제한이다. 이 경우 헌법상 금지된 허가제의 수단으로 남용될 수 있는 위헌적인 소지가 있다는 것이 헌법재판소의 판단이다(1992. 6. 26. 90헌가23 全員裁判部).

헌법재판소는 일간신문의 방송사업 겸영금지에 대해서는 헌법에 위반되지 않는다고 했다. 신문의 다양성을 보장하기 위하여 필요한 한도 내에서 그 규제의 대상과 정도를 선별하여 제한적으로 규제하는 것은 합헌이라는 것이다(2006. 6. 29. 2005헌마

165·314·555·807, 2006헌가3(병합) 전원재판부). 반면에 신문의 다양성을 보장하기 위하여 신문의 복수소유를 제한하는 것 자체가 헌법에 위반된다고 할 수 없지만, 신문의 복수소유가 언론의 다양성을 저해하지 않거나 오히려 이에 기여하는 경우도 있을 수 있는데, 신문의 복수소유를 일률적으로 금지하는 것은 필요 이상으로 신문의 자유를 제약하고 있다고 보았다(2006. 6. 29. 2005헌마165·314·555·807, 2006헌가3(병합) 전원재판부).

한편, 음악·무용·연극·연예·국악 등 대부분의 무대예술을 포괄적으로 지칭하는 '공연'은 예술자유의 핵심적 보호대상이다. 또한 공연장 및 영화상영관 운영자의 자유로운 공연장 등의 운영은 예술의 자유와 직접적으로 관련되어 있다. 자유로운 예술작품의 연주·공연·상영 등을 보장하는 것을 내용으로 하는 예술표현의 자유는 공연장 및 영화상영관의 존재와 자유로운 운영을 그 필수적인 요건으로 한다. 다양하고 자유로운 공연·영상예술은 그와 같은 예술을 관람하는 관객, 그리고 공연할 수 있는 시설을 전제로 하기 때문이다. 공연장 및 영화상영관은 영상물·공연물 등 의사표현의 매개체를 일반 공중에게 표현하는 장소이다. 따라서 이들 시설의 자유로운 운영에 대한 제한은 표현의 자유 및 예술의 자유의 제한효과도 갖게 됨으로 표현의 자유를 제약한다.

(4) 사회적으로 공표할 자유(전파의 자유)

정보접근권이 보장되고, 표현할 자유 및 표현수단을 소유하고 이용할 자유가 주어졌다 할지라도 사회적으로 공표할 자유가 없다면 표현의 자유는 실현될 수 없다. 표현물을 제작하거나 소유하는 것은 인정할지라도, 다른 사람들에게 전달하거나 불특정 다수에게 유포할 수 없다면 표현의 자유는 심각하게 제한 받는다. 표현물을 다른 사람으로부터 전달받은 사람 뿐 아니라 그 전달물을 갖고 있는 것만으로도 처벌한다면 표현의 자유를 실현할 수 없다. 물론 전달한 사람만 처벌하고, 갖고 있는 것에 대한 처벌을 하지 않는다 할지라도 표현의 자유는 사회적으로 실현될 수 없다.

표현의 자유는 자아를 실현하고 홀로 즐기는 측면도 있다. 하지만 사회적으로 공표되고 실현될 때 그 의미는 더 커진다. 사회적으로 공표하고 사회적으로 소비할 수 없다면 학문과 예술의 자유와 창의적 발전은 이루어지기 어렵다. 뿐만 아니라 여론의 다양성과 학문, 예술의 다양성을 실현할 수 없다. 그리고 헌법에 보장된 국민의 자기결정권에 기반한 민주주의를 실현할 수 없다.

헌법재판소도 사회적으로 공표할 자유, 즉 전파의 자유를 인정하고 있다. 헌법재판소는 헌법 제21조에서 보장하고 있는 표현의 자유에 대해 전통적으로는 사상 또는 의견의 자유로운 표명(발표의 자유)과 그것을 전파할 자유(전달의 자유)를 의미한다고 밝히고 있다. 또한 개인이 인간으로서의 존엄과 가치를 유지하고 행복을 추구하며 국민주권을 실현하는데 필수불가결한 것이고, 종교의 자유, 양심의 자유, 학문과 예술의 자유 등의 정신적인 자유를 외부적으로 표현하는 자유라고 했다(헌재 1989. 9. 4. 88헌마22, 판례집 1, 176, 188 ; 헌재 1992. 11. 12. 89헌마88, 판례집 4, 739, 758-759).

헌법재판소는 인터넷을 표현 전파의 수단으로 보고 있다. 정보통신망법 제2조에는 게시판에 대해 '일반에게 공개할 목적으로 부호, 문자, 음성, 음향, 화상, 동영상 등의 정보를 이용자가 게재할 수 있는 컴퓨터 프로그램이나 기술적 장치'라고 정의하고 있다. 따라서 게시판에 대한 규제는 자신의 사상이나 의견을 사회적으로 공표할 자유에 대한 제한이라 할 수 있다. 헌법재판소도 인터넷 게시판을 설치운영하는 정보통신 서비스 제공자에게 본인확인 조치를 부과하여 게시판 이용자의 본인 확인절차를 거치도록 한 정보통신망법을 위헌이라고 판결했다.

그러나 헌법재판소는 공공기관들이 설치 운영하는 모든 게시판에 본인확인을 요구하는 것은 합헌이라고 판결했다. 헌법재판소는 의사의 '자유로운' 표명과 전파의 자유에는 자신의 신원을 누구에게도 밝히지 아니한 채 익명 또는 가명으로 자신의 사상이나 견해를 표명하고 전파할 익명표현의 자유도 포함된다고 했다. 따라서 게시판 이용자로 하여금 본인확인을 위한 정보를 제공하도록 하는 것은 익명표현의 자유를 제한한다고 했다(헌재 2012. 8. 23. 2010헌마47등 참조). 그러나 인터넷 정보의 파급력과 영향력이 매우 크고, 익명성 등을 이용한 언어폭력, 명예훼손, 불법정보 유통으로 인한 공공성에 대한 피해가 더 크다고 보아 합헌 판결했다

이에 대해 재판관 이석태 외 3명은 게시판 익명표현 제한은 자신의 생각과 사상을 자유롭게 표출할 수 있는 권리를 제한하고, 본인확인을 하지 않은 사람들에게 게시판 표현을 원천적으로 봉쇄한다면서 위헌이라 했다[2022. 12. 22. 2019헌마654].

(5) 표현물 소비의 자유

표현물의 제작과 반포를 못하도록 하는 것은 표현물제작자나 반포자만의 표현자유 침해가 아니다. 동시에 그런 표현물을 소비하고자 하는 사람들의 표현자유를 침해한다. 누구든지 표현물을 제작하는 것은 인정하더라도 반포하지 못하도록 한다면 다른 사람들은 그 표현물을 이용하거나 소비할 수 없다. 결국 반포의 금지는 소비자의 표현물 소비권리까지 침해하는 것이다.

헌법재판소는 "국가·지방자치단체 또는 문화재단 등 비영리 단체가 운영하는 공연장 및 영화상영관, 순수예술이나 아동·청소년을 위한 전용공연장 등을 포함한 예술적 관람물의 공연을 목적으로 하는 공연법상의 공연장, 순수예술이나 아동·청소년을 위한 영화진흥법상의 전용영화상영관 등의 설립은 표현물 소비자의 권리를 신장한다"고 했다(2004. 5. 27. 2003헌가1, 2004헌가4(병합) 전원재판부).

헌법재판소는 문화에 대한 손쉬운 접근가능성은 중요한 기본권이라 했다(2004. 5. 27. 2003헌가1, 2004헌가4(병합) 전원재판부). 대학교 정화구역 내에서의 극장시설 및 영업 금지는 문화 향유권 침해라고 했다. 대학교육에 있어서 문화에 대한 손쉬운 접근가능성은 중요한 기본권이고, 대학생은 자유로운 문화향유에 관한 권리를 갖는다는 것이다.

표현물의 소비를 제한함으로써 표현물 소비를 보호할 수도 있다. 현재 <영화 및 비디오물의 진흥에 관한 법률>(이하 영비법)에는 영상물에 대한 상영등급을 분류하고 있다. 이 법에는 1. 전체 관람가, 2. 12세 이상 관람가, 3. 15세 이상 관람가, 4. 청소년 관람불가, 5. 제한상영가로 등급을 분류하고 있다. 특히 제한 상영가에 대해서 영비법에는 "선정성·폭력성·사회적 행위 등의 표현이 과도하여 인간의 보편적 존엄, 사회적 가치, 선량한 풍속 또는 국민 정서를 현저하게 해할 우려가 있어 상영 및 광고·선전에 일정한 제한이 필요한 영화"라고 규정하고 있다. 제한상영가 등급은 일반 상영관에서는 상영할 수 없으며, 제한 상영관에서만 상영할 수 있다.

이런 등급분류에 대해 헌법재판소는 등급분류로 인하여 일정한 연령층의 사람들에게는 그 공개나 유통이 금지되는 현상이 발생하지만, 영상물 유통으로 인해 청소년이 받게 될 악영향을 미리 차단할 수 있다고 했다. 표현의 자유는 다른 기본권에 비해 헌법상 보다 강한 보호를 받는 것은 사실이지만, 아직 성장 단계에 있는 청소년들에게 유해한 영향을 미치는 표현물의 경우까지 표현의 자유라는 이름으로 무제한적인 공개나 유통이 허용될 수는 없다는 것이다. 표현물에 따라서는 그것이 청소년들에게 미칠 부정적인 영향을 고려하여 일정한 연령에 도달할 때까지 그 접근이나 이용을 잠시 보류할 수 있다는 것이다. 청소년들이 이용할 수 없는 등급의 경우 당시의 시점에서는 이용 연령 제한으로 접근이 차단되지만 시간이 경과하여 이용 가능한 연령이 되면 그 접근이나 이용이 자유로워진다. 청소년 보호를 목적으로 미리 등급을 부여하는 것은 합헌이다(2007. 10. 4. 2004헌바36 전원재판부).

국가보안법상의 이적표현물은 원천적으로 소비가 제한된다. 국가보안법 제7조의 이적표현물 조항은 표현물의 제작, 유통, 전파 등으로 인한 사회의 혼란을 방지하고 이를 통해 국가의 안전과 존립, 국민의 생존과 자유를 확보하고자 함에 그 입법 목적이 있다. 헌법재판소는 이적표현물의 소지·취득행위만으로도 그 표현물의 이적내용이 전파될 가능성을 배제하기 어렵다고 보았다. 특히 최근 늘어나고 있는 전자매체 형식의 표현물들은 실시간으로 다수에게 반포가 가능하고 소지·취득한 사람의 의사와 무관하게 전파, 유통될 가능성도 배제할 수 없다고 했다. 따라서 이적표현물 조항은 표현의 자유 및 양심의 자유를 침해하지 않는다면서 합헌 결정했다(2015. 4. 30. 2012헌바95·261, 2013헌가26, 2013헌바77·78·192·264·344, 2014헌바100·241, 2015헌가7(병합)).

그러나 재판관 김이수, 재판관 이진성, 재판관 강일원은 이적표현물의 소지·취득행위는 그 자체로는 대외 전파가능성을 수반하지 아니하므로, 국가의 존립과 안전에 어떠한 위해를 가할 가능성이 있다고 보기 어렵다면서 위헌의견을 냈다. 이적표현물의 유포·전파행위 자체를 처벌함으로써 이적표현물의 유통 및 전파를 충분히 차단할 수 있음에도 소지·취득행위를 처벌하는 것은 과도한 규제라는 것이다. 이러한 결론은 이적표현물이 전자매체의 형식을 가지고 있는 경우에도 달라진다고 볼 수 없다면서 위헌 의견을 냈다(2015. 4. 30. 2012헌바95·261, 2013헌가26, 2013헌바77·78·192·264·344, 2014헌바100·241, 2015헌가7(병합)).

국가보안법상의 이적 표현물 조항은 표현의 자유와 충돌한다. 남북한 간의 적대적 대립관계 속에서 만들어진 특수한 법이라고 할 수 있다. 그럼에도 불구하고 이 조항은 표현의 자유를 침해하고 있다는 주장으로부터 자유롭지 못하다.

4. 표현의 자유에 대한 헌법의 보호와 제한

우리 헌법은 표현의 자유에 대한 보호 규정과 제한 규정을 두고 있다. 헌법은 언론·출판에 대한 허가나 검열, 집회 결사에 대한 허가는 인정하지 않는다. 또한 저작자·발명가·과학기술자와 예술가의 권리는 법률로 보호한다. 그리고 표현의 자유를 규제하는 법률은 표현의 자유에 대한 본질적인 내용을 침해할 수 없다.

반면에 헌법 제21조 4항에 따라 표현의 자유는 타인의 명예나 권리 또는 공중도덕이나 사회윤리를 침해해서는 안된다. 또한 헌법 17조에 따라 사생활의 비밀과 자유를 침해해서도 안된다. 그리고 헌법 제37조 2항에 따라 국민의 모든 자유와 권리는 국가안전보장·질서유지 또는 공공복리를 위하여 필요한 경우 법률로 제한할 수 있다.

1) 표현의 자유에 대한 보호

표현의 자유에 대한 허가나 검열금지는 전통적으로 "사상의 자유 시장"이론에 근거한다. 존 밀턴은 1644년 검열없는 출판의 자유를 위해 잉글랜드 의회를 상대로 작성한 <아레오파지티카>에서 "진리와 거짓으로 하여금 서로 맞붙어 싸우게 하십시오. 자유롭고 공개적인 경쟁에서 진리가 패배하는 일은 결단코 없을 것입니다. 진리의 논박이야말로 최선의 억압이며 가장 확실한 억압입니다"라고 했다. 그리고 존 스튜어트 밀은 "어떤 생각을 억압하는 것이 심각한 문제가 되는 가장 큰 이유는 그런 행위가 현세대뿐 아니라 미래의 인류에게까지- 그 의견에 찬성하는 사람은 물론이고 반대하는 사람에게까지 강도질을 하는 것과 같은 악을 저지르는 셈이 되기 때문이다. 만일 그 의견이 옳다면 그러한 행위는 잘못을 드러내고 진리를 찾을 기회를 박탈하는 것이다. 설령 잘못된 것이라 하더라도 그 의견을 억압하는 것은 틀린 의견과 옳은 의견을 대비시킴으로써 진리를 더 생생하고 명확하게 드러낼 수 있는 대단히 소중한 기회를 놓치는 결과를 낳는다"(존 스튜어트 밀, 서병훈 역, p.42)고 했다.

존 밀턴과 밀 모두 표현의 자유에 대한 검열과 허가제에 반대했다. 표현의 자유에 대한 검열과 허가는 진리의 발견을 억압하는 결과를 가져 온다는 것이다. 이런 사상에 기초하여 1919

년 미국의 올리버 웬델 홈즈 대법관이 "궁극적인 선은 사상의 자유로운 교환에 의해 더 잘 이루어질 수 있다는 것, 즉 진리의 가장 올바른 기준은 시장에서의 경쟁 속에서 자신을 수용시킬 수 있는 사상의 힘에 있는 것이며, 또한 그 진리야말로 인간의 소망이 안전하게 실현될 수 있는 유일한 터전인 것이다"라는 의견을 제출하면서 "사상의 공개시장"이 정립되었다.

홈즈 대법관에 따르면 어떤 사상과 견해가 옳고 그런지, 또는 가치 있는지 없는지를 평가하고 결정하는 것은 정부가 아니라 사상의 공개시장이어야 한다. 설령 유해한 사상이나 표현이라 할지라도 그 해악의 교정은 사상의 공개시장에서 대립되는 사상이나 표현에 의한 경쟁을 통해 이루어져야 한다(이인호, 2011). 검열과 허가는 사상의 공개시장의 형성을 가로막아 표현 자유의 실현을 불가능하게 만든다. 따라서 표현의 자유에 대한 검열과 허가는 용납될 수 없다. 우리 헌법도 이런 원칙에 입각하고 있다.

(1) 검열금지

검열은 표현의 자유를 억압하기 위한 가장 효과적 수단이다. 표현의 자유는 무엇보다도 먼저 검열로부터의 자유로 시작한다. 표현의 자유는 검열로부터 해방됨으로써 비로소 진정한 자유를 확보했다. 검열금지의 원칙은 현대 자유국가에서 표현자유의 본질적 내용을 이룬다.

헌법21조에는 표현의 자유에 대한 검열을 금지하고 있다. 검열은 그 명칭이나 형식에 관계없이 행정권이 주체가 되어 사상이나 의견 등이 발표되기 전에 그 내용을 심사, 선별하여 발표를 사전에 억제하는 것을 말한다. 검열금지의 원칙은 모든 형태의 사전 규제를 금지하는 것은 아니다. 의사표현의 발표여부가 오로지 행정권의 허가에 달려있는 사전심사만을 금지한다. 이런 사전검열은 법률로써도 불가능하며 절대 금지된다.

사전검열이 허용될 경우 예술 활동의 독창성과 창의성이 침해된다. 그리고 행정기관이 집권자에게 불리한 내용의 표현을 사전에 억제함으로써 관제의견이나 지배자에게 유리하거나 무해한 표현만 허용될 수 있다. 그 결과 표현의 자유가 침해되고 여론이 왜곡되어 국민의 자기통치권이 침해된다.

헌법재판소는 표현물에 대한 검열에 대해서 다음과 같이 정리하고 있다.

1. 표현 자유의 보호대상이 되는 의사표현 또는 전파의 매개체는 어떠한 형태이건 가능하므로, 담화·연설·토론·연극·방송·음악·영화·가요 등과 문서·소설·시가·도화·사진·조각·서

화 등 모든 형상의 의사표현 또는 의사전파의 매개체를 포함한다.

2.헌법 제21조 제2항의 검열은 그 명칭이나 형식과 관계없이 실질적으로 행정권이 주체가 되어 사상이나 의견 등이 발표되기 이전에 예방적 조치로서 그 내용을 심사, 선별하여 발표를 사전에 억제하는, 즉 허가받지 아니한 것의 발표를 금지하는 제도를 뜻하고, 이러한 사전검열은 법률로써도 불가능한 것으로서 절대적으로 금지된다.

3.표현의 자유에 대한 사전검열이 허용될 경우에는 국민의 예술 활동의 독창성과 창의성을 침해하여 정신생활에 미치는 위험이 크고, 행정기관이 집권자에게 불리한 내용의 표현을 사전에 억제함으로써 이른바 관제의견이나 지배자에게 무해한 여론만이 허용되는 결과를 초래할 염려가 있기 때문에 헌법이 절대적으로 금지하는 것이다.

4.일반적으로 허가를 받기 위한 표현물의 제출의무, 행정권이 주체가 된 사전심사절차, 허가를 받지 아니한 의사표현의 금지 및 심사절차를 관철할 수 있는 강제수단 등의 요건을 갖춘 경우에만 헌법에 의하여 금지되는 검열에 해당된다 (2001. 8. 30. 2000헌가9 전원재판부).

이 원칙에 따라 영화, 가요, 음반, 비디오, 무대공연물 등과 공연물의 공연광고물을 심의했던 공연윤리위원회의 심의를 검열로 보아 위헌 판결했다. 헌법재판소는 영상물을 사전 심사하는 공연윤리위원회가 행정권의 영향력 하에 있고, 표현물의 사전 제출의무와 사전심사를 통과하지 못한 영상물에 대한 판매·배포·대여·시청제공 판매 등에 대한 금지 및 처벌 규정을 두고 있어 위헌이라고 판단했다(2007. 10. 4. 2004헌바36 전원재판부).이후 공연윤리위는 1998년 영상물등급위원회가 설립되면서 해체되었다.

헌법재판소는 행정기관적 성격을 가진 방송위원회로부터 위탁을 받아 텔레비전 방송광고 사전심의를 담당한 한국광고자율심의기구의 광고심의도 검열로 보았다. 비록 민간 주도의 설립기구지만 기구의 구성과 운영에 공권력이 개입하고 있다고 보아 행정기관에 의한 사전검열로 판단했다(1998. 12. 24. 96헌가23 전원재판부)[판례집 10-2, 807~818]. 이에 따라 한국광고자율심의기구는 민간기구로 재편되었다.

헌법재판소는 영상물등급위원회의 영상물 등급분류를 받지 않은 영상물 상영금지와 등급분류 보류 등을 사전검열로 보았다. 영상물등급위원회는 위원을 대통령이 위촉하고, 국가예산으로 그 운영에 필요한 경비를 지원받는다. 따라서 행정기관이라 볼 수 있다. 영상물등급위원회는 등급분류를 받지 않은 영화의 상영을 금지하고, 위반 시 과태료와 형벌까지 부과할 수 있었다. 뿐만 아니라 등급분류보류의 횟수제한이 없어 실질적으로 위원회의 허가를 받지 않는 한 상영이 금지될 수 있었다.

헌법재판소는 행정기관에 의한 사전검열과 강제처벌 규정을 두고 있어 검열에 해당한다고 판결했다(2001. 8. 30. 2000헌가9 전원재판부). 2009년 이후 "등급보류"는 "제한 상영가"로 변경되어 어떤 작품이라도 등급분류를 받을 수 있게 되었다.

한편 헌법재판소는 비디오물 등급분류에 대해서는 합헌으로 보았다. 영상물 등급분류는 영상물의 공개내지 유통을 허가할 것인가 말 것인가를 영상물등급위원회가 사전에 결정하는 절차가 아니다. 영상물 발표나 유통으로 인한 실정법 위반 사태를 미연에 방지하고, 영상물 유통으로 청소년이 받게 될 악영향을 미리 차단하는 데 목적이 있다. 청소년들이 이용할 수 없는 등급을 받은 영상물은 등급부여 당시 시점에서는 청소년들이 이용할 수 없지만 시간이 지나 이용 가능한 연령이 되면 이에 대한 접근이나 이용이 자유로워진다. 그리고 청소년에게 미치는 악영향을 차단하기 위해 등급분류를 받지 않은 불법영상물을 사전적으로 규율할 필요가 있다. 이에따라 헌법재판소는 등급심사를 받지 아니한 비디오물의 유통의 금지와 등급심사는 사전검열에 해당하지 않는다고 판단했다(2007. 10. 4. 2004헌바36 전원재판부).

헌법재판소는 내용심사가 아니라 내용중립적인 등록제도에 대해서는 합헌 결정했다. 게임물 판매업자의 경우 문화관광부장관 또는 시장·군수·자치구의 구청장에게 등록하도록 되어 있다. 또한 정기간행물법에는 정기간행물을 발행하고자 하는 사람은 일정한 물적 및 시설을 갖추어 등록하도록 되어 있다. 이런 등록규정은 통계를 통한 정책 자료의 활용, 행정대상의 실태파악을 통한 효율적인 법집행을 위한 것이고, 처벌규정은 등록의 실효성을 확보하기 위한 것이다. 등록에 관한 등록규정은 표현물의 내용을 심사·선별하여 표현물을 사전에 통제하기 위한 규정이 아니다. 헌법재판소는 이런 근거로 표현물의 등록제는 합헌이라고 보았다(2002. 2. 28. 99헌바117 전원재판부),(1997.8.21. 93헌바51 전원재판부)[판례집 9-2, 177~199]

헌법재판소는 옥외 광고물 등 관리법 제3조의 일정한 지역·장소 및 물건에 광고물 또는 게시시설을 표시하거나 설치하는 경우, 그 광고물 등의 종류·모양·크기·색깔·표시 또는 설치의 방법 및 기간 등의 규제에 대해 합헌 결정했다. 광고물 등의 내용을 심사·선별하여 광고물을 사전에 통제하려는 것이 아니기 때문에 사전허가·검열에 해당되지 않는다는 것이다. 옥외광고물이나 게시시설에 대한 규제가 없다면 각양각색의 광고물이 설치되어, 국민의 주거환경과 국토경관을 크게 침해할 수 있다고 보았다(1998. 2. 27. 96헌바2 전원재판부)[판례집 10-1, 118~130].

헌법재판소는 정기간행물 납본제도에 대해서도 합헌이라고 판단했다. (구)정기간행물법에는 정기간행물 발행 즉시 정기간행물 2부를 행정기관에 납본하도록 하고 있다. 납본제도는 정간물 발행에 대한 규제가 아니라, 발행한 후에 그 정간물 2부를 납본하도록 한 것이다. 즉, 정간물이 외부에 공개 내지 배포되기 이전에 그 표현내용을 심사하여 그 발행금지 내지 어떤 제한이나 제재를 가하고 있는 것이 아니다. 발행된 정간물을 행정기관에 납본하는 것은 그 정간물의 내용을 심사하여 이를 공개 내지 배포하는데 대한 허가나 금지와는 전혀 관계없는 것으로 사전검열이라고 볼 수 없다고 판단했다.

다만 행정기관이 사전검열의 효과를 초래하는 정도로 위 법률규정을 악용한다면 이것은 위헌적 공권력 행사라고 봤다. 즉, 정간물을 발행 "즉시" 납본하도록 한 법률규정을 배포 "이전에" 또는 배포와 "동시에" 납본하도록 강제한다든가, 납본필증의 교부를 지연시키거나, 나아가 납본필증 없이 배포하였다는 이유로 그에 대한 제재를 가한다면 이는 사전검열에 해당되는 위헌적 공권력 행사라고 보았다(1992. 6. 26. 90헌바26 全員裁判部) [판례집 4권, 362~377]

헌법재판소는 수형자의 서신 검열에 대해서는 합헌 결정했다. 자유형의 본질상 수형자에게는 외부와의 자유로운 교통·통신에 대한 제한이 수반된다. 따라서 수형자에게 통신의 자유를 구체적으로 어느 정도 인정할 것인가의 기준은 기본적으로 입법권자의 입법정책에 맡겨져 있다는 것이 헌법재판소의 판단이다. 헌법재판소는 수형자의 교화·갱생이라는 구금의 목적을 달성하기 위하여 수형자의 서신에 대한 검열은 불가피하다고 보았다. 따라서 현행법령과 제도에서 수형자의 서신에 대한 검열로 인한 수형자의 통신 비밀이 일부 제한되는 것은 국가안전보장·질서유지 또는 공공복리를 위하여 부득이하다(헌재 1998. 8. 27. 96헌마398, 판례집 10-2, 416).

(2) 허가 금지

헌법 제21조는 언론·출판과 집회 결사에 대한 허가는 인정하지 않는다고 규정하고 있다. "허가"란 국민의 자유를 법규에 의하여 전면적으로 금지해 두고, 특정한 경우에 금지를 해제하여 적법하게 행사할 수 있게 하는 것을 의미한다(1993. 5. 13. 91헌바17 전원재판부). 이런 허가제는 권력이나 국가의 자의적인 판단에 따라 표현의 자유가 좌우될 수 있다. 허가제는 표현의 자유를 부정함으로써 민주적 의사결정구조를 왜곡한다.

허가제 금지는 허가의 방식에 의한 언론출판과 집회의 자유에 대한 제한을 허용하지 않겠다는 헌법적 결단이다. 특히 집회결사에 대한 허가제 금지는 우리나라와 독일을 제외하고 그 유례를 찾아보기 어렵다. 헌법재판소는 이에 대해 과거 헌정사에 대한 반성에서 집회의 자유를 더욱 철저히 보장하기 위한 것이라고 해석하고 있다(헌재 2009. 9, 24, 2008 , 판례집 21-2상, 427).

언론출판에 대한 허가 및 검열 금지는 정부가 표현의 내용에 관한 가치판단에 입각해 특정 표현의 공개와 유통을 결정하지 못하도록 하는 데 있다. 표현내용에 대한 내용 규제가 아니거나 내용규제의 효과를 초래하는 것이 아니라면 '허가'에 해당되지 않는다. 언론매체의 소유 및 운영, 매체시장 내에서의 질서, 타 매체나 서비스와의 관계에 관한 규제 등은 대체로 내용 중립적인 것으로, 이러한 규제가 위 금지된 허가에 해당되는지 여부는 그 규제 내용의 실질에 따라 판단된다.

헌법 제21조 제3항은 통신 방송의 시설기준과 신문의 기능을 보장하기 위하여 필요한 사항은 법률로 정하다고 규정하고 있다. 일정한 방송시설 기준을 구비한 자에 대해서만 방송 사업을 허가하는 것은 허가제가 허용될 여지를 주지만, 시설기준을 법률로 정하도록 하여 정부에 의한 방송사업 허가제의 자의적 운영을 방지하고 있다.

중계유선방송사업자는 중계 송신 업무만 할 수 있고 보도, 논평, 광고는 할 수 없도록 한 것에 대해 위헌 신청했다. 이에 대해 헌법재판소는 중계유선방송사업자도 요건을 갖추면 종합유선방송사업 허가를 받을 수 있다는 점을 들어 합헌이라고 판결했다(2001. 5. 31. 2000헌바43. 52(병합) 전원재판부). 중계유선방송은 종합유선방송사업자와 달리 보도 논평, 광고를 할 수 없다. 대신 허가요건을 비롯한 전반적인 규제강도가 약하다. 다만 보도, 논평, 광고를 할 수 있으려면 종합유선방송사업자 등록 요건을 갖추면 된다. 방송법에는 중계유선방송사업자가 종합유선방송으로 사업을 전환하는 것을 용이하게 해주기 위해 별도의 승인절차를 마련하고 있다. 이런 승인절차는 표현내용에 대한 가치판단에 입각한 사전 봉쇄가 아니다. 따라서 허가에 해당하지 않는다.

헌법재판소는 비록 내용규제가 아닐지라도 다양한 대체 방법이 있음에도 특정 조건만 승인하는 경우 허가제와 같은 기능을 할 수 있다고 판단했다. 헌법재판소는 정기간행물 등록 등에 관한 법률에 규정된 일반 및 일반주간 신문 등 정기간행물을 발행하려면 윤전기 1대 이상 및 조판시설과 제판시설이 자기의 소유임을 증명하는 서류를 제출하도록 한 것은 허가제로 보았다. 정기간행물의 지속성 및 대량성과 신속한 출간의 필요성에 따른 사회적 신뢰와 이익을 보호하기 위해 일정한 기술적인 물적 시설을 갖출 것을 요구하는 등록의무사항은 합당하다고 판단했다. 그러나 이런 해당시설은 임차 또는 리스 등에 의해서도 갖출 수 있는 것임에도 자기소유여야 한다고 한 것은 신문발행인의 자유를 제한하는 것으로서 허가제의 수단으로 남용될 수 있다고 보았다(1992. 6. 26. 90헌가23전원재판부, 판례집 4권).

마찬가지 논리로 헌법재판소는 음반제작자에게 일정시설을

자기소유로 갖추어 등록하도록 한 (구)음반에 관한 법률 제3조 제1항을 위헌이라고 판단했다. 음반제작자에게 법률로써 일정한 시설을 갖추어 등록하게 하는 것을 헌법이 금지하는 것은 아니다. 그러나 그 제작자로서 받아들일 수 있는 한계를 벗어난 시설을 요구하거나 등록조건을 자의적으로 해석하여 예술활동을 제한하는 효과를 낸다면 허가제라고 볼 수 있다는 것이 헌법재판소의 일관된 해석이다(1993. 5. 13. 91헌바17 전원재판부).

헌법재판소는 집회에 대한 허가제는 집회에 대한 검열제와 마찬가지라고 보았다. 이것은 절대적으로 금지하겠다는 헌법 권력자인 국민들의 헌법 가치적 합의이며 헌법적 결단이라는 것이다. 헌법 자체에서 직접 집회의 자유에 대한 제한의 한계를 명시한 것이다. 헌법재판소는 집회의 자유는 집회를 통하여 형성된 의사를 집단적으로 표현하고 이를 통하여 불특정 다수인의 의사에 영향을 줄 자유를 포함하는 기본권이라고 했다(헌재 2005. 11. 24. 2004헌가17).

집회의 자유는 개인의 개성신장과 여론형성에 기여한다. 나아가 정치·사회현상에 대한 불만과 비판을 공개적으로 표출케 함으로써 정치적 불만세력을 사회적으로 통합하는 기능도 한다. 그리고 직접민주주의의 수단이자, 소수집단에게 의사표현의 수단을 제공한다. 따라서 집회 시위의 자유는 언론·출판의 자유와 더불어 대의제 자유민주국가에서는 필수적 구성요소다. 이런 의미에서 헌법이 집회의 자유를 보장한 것은 관용과 다양한 견해가 공존하는 다원적인 '열린사회'에 대한 헌법적 결단이다(헌재 2009. 9. 24. 2008헌가25).

헌법재판소는 집회의 허가에 대해 다음과 같이 정의하고 있다. "행정권이 주체가 되어 집회 이전에 예방적 조치로 집회의 내용, 시간, 장소 등을 사전 심사하여 집회를 할 수 있게 하는 제도, 즉 허가를 받지 아니한 집회를 중지하는 제도"라고 정의하고 있다(2009. 9. 24. 2008헌가25 전원재판부). 헌법에 금지되는 허가는 행정청이 주체가 되어 집회의 허용여부를 사전에 결정하는 것으로, 행정청 허가 없는 옥외집회를 불가능하게 하는 것이라면 헌법상 금지되는 사전허가제에 해당한다.

집회·시위의 자유에는 집회·시위의 장소를 스스로 결정할 장소선택의 자유가 포함된다(헌재 2003. 10. 30. 2000헌바67등, 판례집 15-2하, 41, 53 참조). 집회·시위장소는 집회·시위의 목적을 달성하는데 있어서 매우 중요하다. 집회·시위장소를 자유롭게 선택할 수 있어야만 집회·시위의 자유가 효과적으로 보장된다. 따라서 장소선택의 자유는 집회·시위의 자유의 한 실질을 형성한다.

그러나 집시법은 심판대상조항에 의한 장소적 제한 이외에, 시위의 시간적 제한(제10조), 교통소통을 위한 제한(제12조)이나 확성기 등 사용의 제한(제14조) 등과 같은 방법적 제한에 관해 규정하고 있다. 물론 이러한 법률적 제한이 실질적으로는 행정청의 허가 없는 집회 또는 시위를 불가능하게 하는 것이라면 헌법상 금지되는 허가제에 해당된다. (헌재 2014. 4. 24. 2011헌가29).

헌법재판소는 집회 및 시위에 관한 법률 제10조에서 야간옥외집회를 금지하고, 행정권인 관할 경찰서장이 야간옥외집회의 허용여부를 사전 심사하여 결정하는 것에 대해 위헌으로 판결했다. 야간 옥외집회를 금지하고 관할경찰서장에 의한 예외적 허용을 규정한 단서가 야간옥외집회에 대한 허가를 규정한 것이라고 판단했다.

헌법재판소는 '해가 뜨기 전이나 해가 진후' 집회와 시위를 일괄적으로 금지한 조항을 위헌이라고 판단했다. 야간 시위는 주간시간보다 질서를 유지하기 어렵고, 시민들은 야간에 평온하게 지낼 권리가 있다. 야간의 시위 금지는 이러한 특징과 차별성을 고려하여 사회의 안녕질서를 유지하고 시민들의 주거 및 사생활의 평온을 보호하기 위한 것이라 할 수 있다. 그러나 낮 시간이 짧은 동절기 평일의 경우, 직장인이나 학생은 사실상 시위를 주최하거나 참가할 수 없게 되는 등 집회의 자유가 실질적으로 박탈되는 결과가 초래될 수 있다. 그리고 도시화와 산업화로 야간활동이 많은 현대사회에서, 일률적인 야간집회 및 시위 금지는 과도한 규제라고 보았다.(2014. 3. 27. 2010헌가2, 2012헌가13(병합))

(3) 예술가의 권리 보호

학문과 예술의 자유는 표현자유의 본질적인 구성내용이다. 학문과 예술의 자유가 없다면 표현의 자유도 그만큼 없다고 볼 수 있다. 헌법 제22조에는 ① 모든 국민은 학문과 예술의 자유를 가진다. ② 저작자·발명가·과학기술자와 예술가의 권리는 법률로써 보호한다고 규정하고 있다.

저작자란 저작물을 창작한 자를 말한다(저작권법 제2조 2항). 발명가란 자연법칙을 이용하여 고도의 기술적 사상을 창작한 자를 말한다(특허법 제2조 2항). 과학기술자란 과학기술에 관련된 지식을 습득하고 이를 바탕으로 연구개발 활동을 수행하는 자를 말하고, 예술가는 예술작품을 창작하는 자를 말한다(다음 국어사전). 여기서 나열된 저작자, 발명가, 과학기술자, 예술가의 공통점은 창작하는 자다. 이런 창작자들의 창작물을 지적재산권으로 보호하고 있다. 지적재산권이 있는지 없는지의 판단기준은 창작물의 창작성이다. 지식 정보를 창작한 사람은 누구나 지적 재산권을 갖는다고 할 수 있다.

대법원은 "저작권법의 보호대상인 저작물이라 함은 사상 또는 감정을 창작적으로 표현한 것으로서 문학, 학술 또는 예술의 범위에 속하는 것이면 되고 윤리성 여하는 문제되지 아니하므로 설사 그 내용 중에 부도덕하거나 위법한 부분이 포함되어 있다 하더라도 저작권법상 저작물로서 보호된다."(대판 1990.10.23. 90다카8845)고 판시하였다. 즉, 지적재산권의 보호대상인 지적재산의 내용이 당해 지적재산의 보호범위에 속하는 것이면 되고, 그 내용이 학문적 또는 예술적 가치가 있는지 여부 및 적법한지 여부는 법적으로는 물론이고 헌법적으로도 문제되지 않는다. 예를 들어 저작물의 경우 사상 또는 감정을 창작적으로 표현한 것으로서 학문 또는 예술의 범위에 속하는 것이면 되고, 그 내용이 학문적 또는 예술적 가치가 있는지 여부는 그 보호 여부의 판단에 고려 요소가 아니다.

학문과 예술의 발전이 그 목적이고, 지적재산권을 보호하는 것은 그 수단이다. 이와 같은 헌법 제22조 제2항에 근거하여 입법자에 의하여 제정된 것이 저작권법이나 특허법이다. 저작권법은 문화의 향상발전이라는 목적을 정점으로 한편으로는 저작자의 권리를, 다른 한편으로는 저작권에 대한 제한을 균형적으로 구조화하고 있다. 즉, 지적재산권은 본질적으로 제한된 권리다. 지적재산권은 학문·예술의 발전 및 문화와 과학기술의 발전을 위한 수단적 성격이 강하다. 창작자에게는 창작물로 경제적 이익을 추구할 권리를 줌과 동시에 이용자는 정당한 범위 내에서 이용할 수 있도록 하고 있다. 그리고 보호기간이 종료되면 공중이 자유롭게 이용할 수 있도록 하고 있다. 이런 측면에서 지적재산권은 본질적으로 제한된 권리이다.

헌법재판소는 “헌법 제22조 제2항은 저작자·발명가·과학기술자와 예술가의 권리는 법률로써 보호한다고 하여 학문과 예술의 자유를 제도적으로 뒷받침해 주고 학문과 예술의 자유에 내포된 문화국가실현의 실효성을 높이기 위하여 저작자 등의 권리보호를 국가의 과제로 규정하고 있다"고 했다. 저작자 등의 권리를 보호하는 것은 학문과 예술을 발전·진흥시키고 문화국가를 실현하기 위하여 불가결할 뿐 아니라, 이들 저작자 등의 산업재산권을 보호한다는 의미도 함께 가지고 있다(헌재 2002. 4. 25. 2001헌마200).

(4) 표현자유의 본질적 내용 침해 금지

헌법 37조에 2항에는 국민의 모든 자유와 권리는 국가안전보장·질서유지 또는 공공복리를 위하여 필요한 경우에 한하여 법률로써 제한할 수 있으며, 제한하는 경우에도 자유와 권리의 본질적인 내용을 침해할 수 없다고 규정하고 있다. 즉, 국가안전보장이나 질서유지, 공공복리를 위하여 필요한 경우 표현의 자유를 법률로 제한할 수 있지만, 표현의 자유에 대한 본질적 내용을 침해해서는 안된다.

자유와 권리의 본질적 내용이란 만약 이를 제한하는 경우에 기본권 그 자체가 무의미하게 되는 기본권의 근본요소를 의미한다(헌재 2003. 12. 18. 2001헌바91등, 판례집 15-2하, 406, 417). 즉, 법률에 의한 규제로 인해 표현의 자유가 유명무실화되면 본질적인 내용을 침해한 것이라 할 수 있다.

헌법은 언론의 건전한 발전과 그 기능을 보장하기 위하여, 법률상 일정한 시설을 갖추어 등록하도록 하고 있다. 헌법재판소는 언론자유의 본질적 내용과 그 수단인 정기간행물 발행을 혼동해서는 안된다고 밝히고 있다. 헌법상의 언론자유는 언론출판 자유의 내재적 본질적 표현의 방법과 내용을 보장하는 것이다. 그것을 객관화하는 수단으로 필요한 시설이나 언론기업의 기업 활동까지 포함하는 것은 아니다. 정기간행물 발행인에게 법률에 따라 일정한 시설을 갖추어 등록하게 하는 것은 언론자유의 본질적 내용의 간섭이라 볼 수 없다.

정기간행물 발행을 위한 시설기준은 무책임한 정기간행물 난립을 방지하고, 언론출판의 공적기능과 언론의 건전한 발전을 위해 필요하다. 이것은 헌법상 금지된 허가제나 검열제와는 다른 차원의 규정으로 언론자유의 본질적 내용을 침해하지 않는다. 따라서 헌법재판소는 법률에 의한 언론출판의 시설기준은 언론출판 자유에 관한 본질적 내용을 침해하지 않는다고 보았다(1992.6. 26. 90헌가23 전원재판부). 그러나 임대나 리스를 통하여서도 충분히 시설을 갖출 수 있음에도 불구하고 시설을 구입하도록 강제하는 것은 표현의 자유에 대한 본질적 내용을 침해할 수 도 있다.

정정보도 청구권에 대해서도 헌법재판소는 언론자유의 본질적 내용을 침해하지 않는다고 판단했다. 정정보도 청구권은 헌법상 보장된 인격권에 바탕을 두고 있다. 언론 피해자에게 보도된 사실적 내용에 대해 반박 기회를 허용하는 것은 피해자의 인격권을 보호하고, 공정한 여론 형성과 언론보도의 객관성을 향상시킬 수 있다.

정정보도가 언론보도의 잘못된 보도내용을 바로 잡는다는 정정의 성격을 갖는다면, 보도의 자유와 편집 편성의 자유에 대한 본질적인 내용을 침해할 수 있다. 그러나 보도된 사실적 주장에 대한 반박문의 성질을 갖고, 정정보도 청구인의 이름으로 게재되고 있다는 것을 고려하면 정정보도가 언론자유의 본질적 내용을 침해한다고 보기 어렵다(헌재 1991.9. 16. 89헌마 165, 판례집3, 518).

헌법 제18조에는 모든 국민은 통신의 비밀을 침해받지 않는다고 규정하고 있다. 자신의 의견이나 사상을 비밀로 할 것인지 공개할 것인지는 표현자의 권리다. 따라서 통신의 자유도 표현 자유의 구성요소다. 통신의 중요한 수단인 서신은 본인의 의사에 반하여 공개될 수 없음으로 서신의 검열은 원칙적으로 금지된다. 그러나 국가안전보장이나 질서유지, 공공복리를 위하여 필요한 경우에 법률로 제한할 수 있다.

징역형 등이 확정되어 교정시설에 수용 중인 수형자도 통신 자유의 주체다. 그러나 현 형법은 교정시설의 질서유지와 수형자의 교정·교화를 위하여 수형자의 서신에 대해 교도관이 검열을 할 수 있도록 하고 있다. 이것은 표현의 자유의 본질적 내용을 침해하는 것인가, 아닌가 하는 문제다. 이에 대해 헌법재판소는 수형자의 통신 일부를 제한하는 것은 국가안전보장·질서유지 또는 공공복리를 위하여 부득이할 뿐 아니라 유효 적절한 방법에 의한 최소한의 제한으로, 통신 자유의 본질적 내용을 침해하는 것이 아니라고 판단했다(1998. 8. 27. 96헌마398 전원재판부,판례집 10-2, 416-488).

국가보안법 제7조는 국가의 존립 안전이나 자유민주적 기본질서를 위태롭게 하는 반국가 단체의 활동을 찬양·고무·선전 또는 이에 동조하는 자를 처벌하는 규정을 두고 있다. 이에 대해 헌법재판소는 국가의 존립 안전을 위하여 양심, 사상, 학문, 예술, 언론·출판의 자유를 제한하는 것은 그 본질적 내용을 침해하거나 이를 지나치게 제한한 것으로 인정되지 않는다면서 합헌 결정했다.

2) 표현의 자유에 대한 헌법의 제한

언론·출판의 자유와 집회·결사의 자유, 학문 예술의 자유를 보장하면서도 헌법 제21조 ④항에는 “언론·출판은 타인의 명예나 권리 또는 공중도덕이나 사회윤리를 침해하여서는 아니 된다”고 규정하고 있다. 뿐만 아니라 헌법 제37조 ②항에도 “국민의 모든 자유와 권리는 국가안전보장·질서유지 또는 공공복리를 위하여 필요한 경우에 한하여 법률로써 제한할 수 있으며, 제한하는 경우에도 자유와 권리의 본질적인 내용을 침해할 수 없다”고 규정하고 있다.

이런 헌법규정에도 불구하고 표현의 자유에 대한 국가 개입은 최소한으로 억제되어야 한다. 첫째, 표현의 자유는 입헌민주체제에서 반드시 확보되어야할 기본권이다. 둘째, 표현의 자유는 사상이나 가치관 형성 및 자아실현을 위해서 무엇보다도 중요하다. 셋째, 사상이나 가치에 대한 절대적 기준은 없다. 따라서 그 누구도 독단적으로 사상이나 가치관, 윤리관을 결정해서는 안된다. 넷째, 국가의 개입에 앞서 시민사회 내부의 사상의 자유 메커니즘에 의해 표현의 자유로 인한 해악이 자체적으로 해소되어야 한다.

이런 이유로 표현의 자유에 대한 규제는 최소한에 그쳐야 한다. 국가는 단순히 어떤 표현이 가치 없거나 유해하다는 주장만으로 그 표현에 대한 규제를 정당화시켜서는 안된다. 국가의 개입은 의견과 사상의 경쟁메커니즘에 의하여 그 해악이 해소될 수 없을 때에만 그 필요성이 인정된다. 그러나 모든 표현이 시민사회의 자기교정기능에 의해서 해소될 수 있는 것은 아니다. 어떤 표현은 일단 표출되면 그 해악이 사상의 자유경쟁에 의하여 해소될 수 없는 것도 있다. 이런 표현은 헌법상 언론·출판의 자유에 의하여 보호되지 않는다. 따라서 이에 대한 국가의 개입이 1차적으로 허용된다(헌재 1998. 4. 30. 95헌가16, 판례집 10-1, 327, 340).

표현의 자유를 제한하는 법률은 그 제한 규정이 누구나 쉽게 판단할 수 있을 정도로 명확해야 한다. 법률이 명확하지 않으면, 국가권력의 자의에 따라 표현의 자유를 규제할 수 있다. 이 경우 표현의 자유시장이 왜곡될 수 있고 정치적, 이데올로기적으로 악용될 수 있다. 따라서 표현의 자유를 제한하는 법률은 명확해야 한다. 법률이 불명확하면, 자신의 표현이 규제대상인지 아닌지를 알기 어렵다. 이 경우 규제될 것이 두려워 표현을 하지 못할 수도 있다. 법이 명확하지 못하면 표현의 자유를 위축시킬 수 있다. 헌법재판소는 법률의 명확성을 위헌의 중요한 심사기준으로 하고 있다. 공익을 해할 목적으로 전기통신설비에 의하여 공연히 허위의 통신을 한 자를 형사 처벌하도록 한 법률에 대해 헌법재판소는 위헌 판결했다. "공익"의 의미가 불명확하고 추상적이어서, 명확성 원칙에 반한다는 것이다(헌재

2010.12.28. 2008헌바157).

또한 헌법재판소는 표현의 자유를 제한하는 법률에 대한 위헌 심사기준으로 규제 목적의 정당성, 방법의 적절성, 피해의 최소성, 법익의 균형성 등을 살펴보고 있다. 표현의 자유를 제한하는 법률은 국가안전보장, 질서유지, 공공복리 중 최소한 어느 하나의 목적에 부합하여야 한다. 목적이 정당하면 그 다음으로 표현의 자유를 제한하는 방법 또는 수단도 효과적이고 적절한 것이어야 한다. 즉, 제한을 위해 선택한 방법 또는 수단이 목적을 달성하기 위하여 필요한 것이어야 하고, 가장 피해가 적은 방법이어야 한다. 마지막으로 다른 기본권과 충돌하는 경우 모든 기본권을 최대한 보장할 수 있도록 해야 한다. 상충하는 기본권 모두가 최대한으로 그 기능과 효력을 나타낼 수 있도록 하는 조화로운 방법을 모색해야 한다. 나아가 표현의 자유를 제한함으로써 얻는 이익과 해악을 비교하는 이익형량의 원칙을 적용할 수도 있다. 그러나 이런 이익형량은 측정하기 어렵다. 여기에 판단의 불확정성이 존재한다. 그에 따라 헌법 재판관 간의 판단이 달라질 수 있다.

(1) 명예 훼손에 대한 제한

헌법 제21조 4항에 따르면, 언론·출판은 타인의 명예를 침해해서는 안되고, 침해한 때에는 이에 대한 피해배상을 청구할 수 있다. 이에 따라 민법 제750조, 제751조에는 고의 또는 과실로 인한 위법행위로 타인에게 손해를 가하거나, 명예를 해하여 정신상 고통을 가한 경우에는 손해배상책임 규정을 두고 있다. 법원은 이 법에 따라 고의 또는 과실로 인한 위법한 명예훼손 표현으로 타인에게 손해를 가한 경우 손해배상책임을 부과하고 있다.

그리고 형법 제307조에는 공연히 사실 또는 허위 사실을 적시하여 명예를 훼손한 사람에 대한 처벌 규정을 두고 있다. 형법 308조에는 죽은 사람에 대한 명예훼손을 규정하고 있다. 형법 제309조에는 사람을 비방할 목적으로 신문, 잡지 또는 라디오 기타출판물에 공연히 사실 또는 허위사실을 적시한 경우 처벌하도록 하고 있다. 다만 제310조에는 공연히 사실적시로 명예를 훼손한 경우라 할지라도 오로지 공공의 이익에 관한 때는 처벌하지 않는 규정을 두고 있다.

표현의 자유는 개인이 인간으로서의 존엄과 가치를 유지하고 행복을 추구하며 국민주권을 실현하는데 필수불가결한 국민의 기본권이다. 표현의 자유없이 민주적인 의사결정이나 민주정치가 실현될 수 없다. 또한 표현의 자유는 개인의 자아실현과 진리탐구의 수단이다. 이와 같이 표현의 자유가 헌법상 가장 중요한 기본권의 하나로 인식되는 것은 단순히 개인의 자유에 그치는 것이 아니라, 통치권자를 비판함으로써 피치자가 스스로 지배기구에 참가한다고 하는 자치정체(自治政體)의 이념을 그 근간으로 하고 있다(헌재 1992. 2. 25. 89헌가104, 판례집 4, 64, 93-95 참조).

한편, 사람의 가치에 대한 사회적 평가, 즉 인격권인 명예의 보호도 매우 중요하다. 표현의 자유와 인격권인 명예는 모두 인간으로서의 존엄과 가치, 행복추구권에 그 뿌리를 두고 있다. 그러나 자기의 사상과 의견 표현에 아무런 제한도 받지 않고 타인의 인격권인 명예를 함부로 침해할 수 있다고 한다면 언론의 자유는 자기모순에서 헤어나지 못한다. 따라서 헌법은 언론·출판의 자유는 보장하되 명예 보호와의 관계에서 일정한 제한을 두는 것을 분명히 하고 있다.

개인의 언론 활동이 타인의 명예를 훼손하는 경우, 행위자와 피해자라는 개인 대 개인 간의 사적(私的) 관계에서는 언론의 자유보다 명예 보호라는 인격권이 우선한다. 그러나 그 표현이 공공적·사회적·객관적인 의미를 가진 경우에는 그 평가를 달리 한다. 왜냐하면 국민이 알아야 할 정보(알권리)는 개인의 인격형성과 자기실현은 물론 정치적 의사 형성과정에 참여하는 자기통치를 실현하는 공적 성격도 아울러 갖고 있기 때문이다.

국가가 자신의 명예를 보호해 주리라는 믿음이 존재하지 않는 사회에서는, 개인이 공적 토론에 참여하거나 다수의 의견과 다른 견해를 공적으로 표명하는 것은 용기가 필요하다. 그에 따라 큰 위험부담을 안고 있어 자기검열을 함으로써 표현의 자유가 위축될 수 있다. 일반 국민은 이를 주저하게 되며, 결국 다양한 사고의 자유로운 경합을 통하여 진리를 발견하고자 하는 민주적 의견형성과정이 크게 저해될 수 있다. 공동체가 개인의 명예를 제대로 보호하지 못한다면 공적 생활 또는 공적 토론에 적극적으로 참여할 의사가 있는 많은 사람들이 민주적 의사형성과정에 참여하는 것을 막을 수 있다. 그러므로 명예의 보호는 자유로운 의견과정에 대한 한계일 뿐 아니라 동시에 민주주의를 구성하는 중요한 요소이다(헌재2013. 12. 26. 2009헌마 747).

이와 같이 표현의 자유와 명예의 보호는 모두 인간으로서의 존엄과 가치, 행복추구권에 그 뿌리를 두고 있기 때문에 그 우열을 쉽사리 단정할 수는 없다. 이에 따라 헌법 제21조 제4항에서 "언론·출판은 타인의 명예나 권리 또는 공중도덕이나 사회윤리를 침해하여서는 아니 된다"고 규정함으로써, 개인의 기본권인 표현의 자유가 타인의 인격권인 명예의 보호와의 관계에서 제한을 받도록 하고 있다(헌재 1999. 6. 24. 97헌마265, 판례집 11-1, 768, 774-775 참조).

그럼에도 불구하고 헌법재판소는 표현의 자유를 규제하는

입법은 규범을 명확히 해야 한다고 말하고 있다. 법률이 처벌하고자 하는 행위가 무엇이고, 그에 대한 형벌이 어떤 것인지 누구나 예견할 수 있어야 한다는 것이다. 표현의 자유에 대한 규범이 명확하지 못하면 표현의 자유가 위축될 수 있다. 그 결과 다양한 의견, 견해, 사상 등을 표현할 수 없게 되고, 표현의 자유는 제 기능을 할 수 없게 되어 헌법적 가치가 침해당할 수 있다.

형법 제307조에는 공연히 사실 또는 허위 사실을 적시하여 명예를 훼손한 사람에 대한 처벌 규정을 두고 있다. 헌법재판소는 진실한 사실은 건전한 토론과 논의 대상이 되므로 사회 구성원 간에 자유로운 교환이 보장되어야 한다고 말하고 있다. 그런데 진실한 사실이라는 이유만으로 특정인의 명예에 대한 가해의 의사나 목적을 가진, 편파적인 의혹제기 또는 흑색선전 등 명예훼손 행위가 무분별하게 허용된다면, 개인의 인격과 명예는 제대로 보호받지 못한다.

특히 인터넷 등 정보통신망에서 정보 유통은 신속하고 광범위하게 이루어지기 때문에 명예훼손으로 인한 피해가 기존매체와 비교할 수 없을 정도로 크다는 점, 헌법 제21조 제1항이 표현의 자유를 보장하면서도 같은 조 제4항에서 표현의 자유가 넘을 수 없는 구체적 한계로 타인의 명예와 권리를 규정하고 있는 취지, 진실한 사실 중에서도 비방할 목적이 있는 경우에 한하여 형사 처벌의 대상으로 규정하고 있는 점 등을 고려하면, 사실적시로 인한 명예훼손 처벌은 합헌이라고 판결하고 있다(2016. 2. 25. 2013허나105, 2015헌바234(병합)).

그러나 재판관 김이수, 강일원은 표현의 자유에 대한 위축효과를 야기하는 형사처벌 외에 다른 덜 제약적인 방법이 있다면서 위 판결에 대한 반대의견을 밝히고 있다. 미국에서 명예훼손을 민사적인 방법으로 주로 해결하고 있고, 독일에서도 진실한 사실을 적시한 경우에는 명예훼손죄가 성립하지 않는다. 유럽평의회도 2001년 이후 여러 차례에 걸쳐 회원국들에게 명예훼손의 비형사범죄화를 촉구해 왔다. 명예훼손에 대하여서는 형벌보다 민사상 손해배상으로 대응하는 것이 적절하고, 형사법 규정을 폐기 하는 것이 바람직하다는 것이다(2016. 2. 25. 2013허나105, 2015헌바234(병합)).

형법 제310조는 "제307조 제1항(사실적시 명예훼손)의 행위가 진실한 사실로서 오로지 공공의 이익에 관한 때에는 처벌하지 아니 한다"고 규정하여 언론의 자유와 명예 보호라는 두 가치의 조정을 꾀하고 있다. 진실성의 증명과 공공의 이익이라는 위법성의 조각 요건을 엄격하게 요구하면 형사제재의 범위는 넓어지고 언론의 자유는 위축된다. 가치있는 공적인 사안이나 국민이 알아야 할 사안(알권리)에 대하여 자유로운 비판이나 토론을 하지 못하게 형사벌로 규율한다면 언론의 자유는 위축되고, 명예 보호를 더 우선하게 된다. 역사적으로 보면, 개인의 명예를 보호할 목적으로 만든 명예훼손 관련 실정법은 권력을 가진 자에 대한 국민의 비판을 제한하고 억압하는 수단으로 쓰여진 측면이 많았었다.

따라서 명예훼손적 표현에 대한 형사법을 해석함에 있어서는 이러한 헌법적인 요청을 고려하여 첫째, 그 표현이 진실한 사실이라는 입증이 없어도 행위자가 진실한 것으로 오인(誤認)하고 행위를 한 경우, 그 오인에 정당한 이유가 있는 때에는 명예훼손죄는 성립되지 않는 것으로 해석하여야 한다. 대법원도 "형법 제310조의 '진실한 사실'이란 그 내용 전체의 취지를 살펴볼 때 중요한 부분이 객관적 사실과 합치되는 사실이라는 의미로서 세부에 있어 진실과 약간 차이가 나거나 다소 과장된 표현이 있더라도 무방하다"고 판결했다.

특히 신속한 보도를 생명으로 하는 언론의 속성상 허위를 진실한 것으로 믿고서 한 명예훼손적 표현이나, 중요한 내용이 아닌 사소한 부분에 대한 허위보도는 모두 형사제재의 위협으로부터 자유로워야 한다. 시간과 싸우는 언론보도에 오류를 수반하는 표현은, 사상과 의견에 대한 아무런 제한 없는 자유로운 표현을 보장하는 데 따른 불가피한 결과이고 이러한 표현도 자유토론과 진실확인에 필요한 것이므로 함께 보호되어야 한다. 그러나 허위라는 것을 알거나 진실이라고 믿을 수 있는 정당한 이유가 없는데도 진위를 알아보지 않고 게재한 허위보도에 대하여는 면책을 주장할 수 없다.

둘째, "오로지 공공의 이익에 관한 때에"라는 요건은 언론의 자유를 보장한다는 관점에서 그 적용범위를 넓혀야 한다. 국민의 알권리의 배려라는 측면에서 객관적으로 국민이 알아야 할 필요가 있는 사실(알권리)에는 공공성이 인정되어야 하고, 또 사인이라도 그가 관계하는 사회적 활동의 성질과 이로 인하여 사회에 미칠 영향을 헤아려 공공의 이익은 쉽게 수긍할 수 있도록 하여야 한다(대법원 1993. 6. 22. 92도3160, 공 1993하, 2188; 1994. 8. 26. 94도237, 공 1994하, 2572. 각 참조).

공공의 이익에 관한 것에는 널리 국가·사회 기타 일반 다수인의 이익에 관한 것뿐만 아니라 특정한 사회집단이나 그 구성원 전체의 관심과 이익에 관한 것도 포함한다. 행위자의 주요한 동기 내지 목적이 공공의 이익을 위한 것이라면 부수적으로 다른 사익적 목적이나 동기가 내포되어 있더라도 형법 제310조의 적용을 배제할 수 없다고 판시함으로써(대법원 2007. 12. 14. 선고 2006도2074 판결), 형법 제310조의 적용범위를 넓게 해석하여 표현의 자유 제한을 최소화하고 있다.

또한, 공연히 사실을 적시하여 사람의 명예를 훼손하는 행위를 형사 처벌하는 것이 자칫 공적인물이나 국가기관에 대한 비판을 제한하고 억압하는 수단으로 남용될 가능성을 우려하여, 헌법재판소는 심판대상조항과 형법 제310조에 관한 해석·적용론을 통해 그 위험성을 최소화하고 그 구체적 기준을 제시하고 있다.

즉, 명예훼손 관련 실정법을 해석·적용할 때에는 당해 표현으로 인한 피해자가 공적인물인지 아니면 사인인지, 그 표현이 공적인 관심 사안에 관한 것인지 순수한 사적인 영역에 속하는 사안인지, 피해자가 당해 명예훼손적 표현의 위험을 자초한 것인지, 그 표현이 객관적으로 국민이 알아야 할 공공성·사회성을 갖춘 사실(알권리)로서 여론형성이나 공개토론에 기여하는 것인지 등을 종합하여 판단해야 한다고 밝히고 있다.

공적인물과 사인, 공적인 관심 사안과 사적인 영역에 속하는 사안 간에는 심사기준에 차이를 두어야 하고, 공적인물의 공적 활동에 대한 명예훼손적 표현은 그 제한이 더 완화되어야 한다. 공직자의 공무집행과 직접적인 관련이 없는 개인적인 사생활에 관한 사실이라도 일정한 경우 공적인 관심 사안에 해당할 수 있다. 공직자의 자질·도덕성·청렴성에 관한 사실은 공직자 등의 사회적 활동에 대한 비판 내지 평가의 한 자료가 될 수 있고, 업무집행의 내용에 따라서는 업무와 관련이 있을 수도 있으므로, 이에 대한 문제제기 내지 비판은 허용되어야 한다(헌재 1999. 6. 24. 97헌마265; 헌재 2013. 12. 26. 2009헌마747 참조).

대법원도, "정부 또는 국가기관의 정책결정 또는 업무수행과 관련된 사항을 주된 내용으로 하는 언론보도로 인하여 그 정책

결정이나 업무수행에 관여한 공직자에 대한 사회적 평가가 다소 저하될 수 있다고 하더라도, 그 보도의 내용이 공직자 개인에 대한 악의적이거나 심히 경솔한 공격으로서 현저히 상당성을 잃은 것으로 평가되지 않는 한, 그 보도로 인하여 곧바로 공직자 개인에 대한 명예훼손이 된다고 할 수 없다."라고 판시했다(대법원 2011. 9. 2. 선고 2010도17237 판결 참조).

명예훼손죄를 처벌함으로써 보호하고자 하는 사람의 가치에 대한 평가인 외부적 명예는 개인적 법익이다. 국가나 지방자치단체는 국민에 대한 관계에서 형벌의 수단을 통해 보호되는 외부적 명예의 주체가 될 수 없다. 따라서 명예훼손죄의 피해자가 될 수 없다(대법원 2016. 12. 27. 선고 2014도15290 판결). 대법원은 사실적시 명예훼손죄가 공적인물이나 국가기관에 대한 비판을 억압하는 수단으로 남용되지 않도록 해석해야한다고 했다.

셋째, 명예훼손적 표현에서의 "비방할 목적"(형법 제309조)은 그 폭을 좁히는 제한된 해석이 필요하다. '비방할 목적'이란 정당한 이유 없이 사람의 사회적 평가를 훼손하려는 가해의 의사나 목적을 의미한다. 법관은 엄격한 증거로써 입증이 되는 경우에 한하여 행위자의 비방 목적을 인정하여야 한다.

적시한 사실이 공공의 이익에 관한 것인 경우에는 특별한 사정이 없는 한 비방할 목적은 부인된다. 나아가 그 적시된 사실이 이러한 공공의 이익에 관한 것인지 여부를 판단함에 있어서는 피해자가 공적 인물인지, 그 표현이 공적인 관심 사안에 관한 것인지 등 제반 사정을 고려하여 판단하여야 한다. 행위자의 주요한 동기 내지 목적이 공공의 이익을 위한 것이라면 부수적으로 다른 사익 목적이나 동기가 내포되어 있더라도 비방할 목적이 있다고 보기는 어렵다(대법원 2011. 11. 24. 선고 2010도10864 판결 참조).

(2) 권리침해에 대한 제한

헌법 제21조는 표현의 자유를 보장함과 동시에 타인의 권리를 침해해서는 안된다고 규정하고 있다. 헌법 제10조에 따라 모든 국민은 인간으로서의 존엄과 가치를 가지며, 행복을 추구할 권리가 있다. 그리고 헌법 제17조, 제18조에 따라 사생활의 비밀과 통신의 비밀을 보장받는다. 헌법은 표현자유를 보장함과 동시에 인간의 존엄성에서 유래하는 개인의 인격권을 침해해서는 안된다는 것을 분명히 하고 있다. 일반적으로 표현의 자유로부터 침해당할 수 있는 인격권은 명예권, 사생활의 비밀 및 자유, 통신의 비밀과 자유, 초상권 등이 있다. 이미 명예권은 앞에서 다루었기 때문에 여기서는 사생활의 비밀과 자유, 통신의 비밀과 자유, 초상권 등을 중심으로 살펴보고자 한다.

"사생활의 비밀과 자유"의 개념은 다소 추상적이다. 헌법재판소는 상당수의 판례를 통하여 사생활의 비밀 또는 자유에 대한 헌법 해석을 구체화 해왔다. 헌법재판소 판례에 따르면 사생활의 자유란, "사회공동체의 일반적인 생활규범의 범위 내에서 사생활을 자유롭게 형성해 나가고 그 설계 및 내용에 대해서 외부로부터의 간섭을 받지 아니할 권리"다. 그리고 "사생활과 관련된 사사로운 자신만의 영역이 본인의 의사에 반해서 타인에게 알려지지 않도록 할 수 있는 권리다(헌재 2002. 3. 28. 2000헌마53, 판례집 14-1, 159, 164; 헌재 2001. 8. 30. 99헌바92, 판례집 13-2, 174, 203)."고 했다.

또한 "사생활의 비밀은 국가가 사생활영역을 들여다보는 것에 대한 보호를 제공하는 기본권이며, 사생활의 자유는 국가가 사생활의 자유로운 형성을 방해하거나 금지하는 것에 대한 보호를 의미한다. 구체적으로 사생활의 비밀과 자유가 보호하는 것은 개인의 내밀한 내용의 비밀을 유지할 권리, 개인이 자신의 사생활의 불가침을 보장받을 수 있는 권리, 개인의 양심영역이나 성적 영역과 같은 내밀한 영역에 대한 보호, 인격적인 감정세계의 존중의 권리와 정신적인 내면생활이 침해받지 아니할 권리 등"(헌재 2003. 10. 30. 2002헌마518, 판례집 15-2하, 185, 206)이다. 이와 같이 헌법재판소는 "사생활의 비밀 또는 자유"에 관한 구체적이고 종합적인 해석기준을 제시하고 있다.

헌법재판소는 정보공개청구권에 대한 판결에서 알권리는 헌법 제21조의 표현의 자유에 당연히 포함되는 기본권으로서(헌재 1989. 9. 4. 88헌마22, 판례집 1, 176, 188) 개인의 자유권적 기본권에 해당하고, 헌법 제17조의 사생활의 비밀과 자유 또한 개인의 자유권적 기본권에 해당한다고 했다. 그러므로 국민의 알권리(정보공개청구권)와 개인정보 주체의 사생활 비밀과 자유 중 어느 하나를 상위 기본권이라고 하거나 어느 쪽이 우월하다고 할 수 없다.

헌법재판소는 정부가 보유하고 있는 정보에 대하여 정당한 이해관계가 있는 자가 그 공개를 요구할 수 있는 권리를 알권리로 인정하면서 이러한 알권리는 표현의 자유에 당연히 포함되는 기본권임을 선언하였다(헌재 1989. 9. 4. 88헌마22, 판례집 1, 176, 188-189 참조). 어떤 문제가 있을 때 그에 관련된 정보에 접근하지 못하면 문제의 내용을 제대로 알기 어렵다. 제대로 내용을 알지 못하면 자기의 의견을 제대로 표현하기 어렵기 때문에 알권리는 표현의 자유와 표리일체의 관계에 있다. 정보의 공개청구권은 알권리의 당연한 내용이 된다(2010. 12. 28. 2009헌바258).

그러나 공공기관이 보유하고 있는 정보 중에는 개인정보가 포함되어 있는 경우가 많다. 개인정보가 다른 사람에게 노출되어 개인의 사생활의 비밀 또는 자유가 침해될 가능성이 있다. 이 같은 개인의 사생활의 비밀 또는 자유를 존중하고 개인의 자신에 대한 정보통제권을 보장하는 등 정보공개로 인하여 발생할 수 있는 제3자의 법익침해를 방지할 필요가 있다. 따라서 공공기관이 보유·관리하는 개인정보를 공개하면 개인의 사생활의 비밀 또는 자유를 침해할 우려가 있다고 인정되는 경우에는 이를 비공개대상으로 할 수 있다(2010. 12. 28. 2009헌바258).

헌법 제18조에서는 "모든 국민은 통신의 비밀을 침해받지 아니한다"라고 규정하여 통신의 비밀보호를 그 핵심내용으로 하는 통신의 자유를 기본권으로 보장하고 있다. 통신의 자유를 기본권으로서 보장하는 것은 사적 영역에 속하는 개인 간의 의사소통을 사생활의 일부로서 보장하겠다는 취지에서 비롯된 것이다(헌재 2001. 3. 21. 2000헌바25, 판례집 13-1, 652, 658). 통신비밀보호법은 공개되지 않은 타인 간의 대화를 녹음 또는 청취하여 알게 된 대화의 내용을 공개하거나 누설한 자를 처벌하도록 하고 있다. 한편으로는 통신의 비밀을 보장하는 법률이 다른 한편으로는 그 대화내용을 공개하는 자의 표현 자유를 제한하게 된다. 대화자의 통신의 비밀과 공개자의 표현의 자유라는 두 기본권이 충돌하게 된다.

이와 같이 두 기본권이 충돌하는 경우 상충하는 기본권 모두 최대한으로 그 기능과 효력을 발휘할 수 있도록 조화로운 방법을 모색해야 한다. 헌법재판소는 "불법 감청·녹음 등에 의하여 취득한 타인 간의 대화내용을 공개한 행위라 하더라도 1) 대화

내용의 공개가 중대한 공익을 위한 것으로서 그 목적의 정당성이 인정되고, 2) 대화 내용의 공개자가 불법 감청·녹음 등에 직접 관여하거나 그 밖의 위법한 방법에 의하여 대화내용을 취득한 경우에 해당하지 아니하며, 3) 대화내용의 공개에 의하여 보호되는 공익이 그로 인해 침해되는 사익보다 월등히 우월하다는 등의 요건을 갖춘 경우에는 형법 제20조의 '사회상규에 위배되지 아니하는 행위'에 해당하여 위법성이 조각된다. 이와 같이 이 사건 법률조항이 불법 취득한 타인간의 대화내용을 공개한 자를 처벌함에 있어 형법 제20조(정당행위)의 일반적 위법성 조각사유에 관한 규정을 적정하게 해석 적용함으로써 공개자의 표현의 자유도 적절히 보장될 수 있다"(2011. 8. 30. 2009헌바42).

그러나 헌법재판관 이강국은 상호 충돌하는 기본권 중 통신비밀 등의 보호만을 일방적으로 과도하게 보호하고 표현의 자유 보장을 소홀히 하거나 포기하여 표현의 자유를 지나치게 제한한다는 의견을 냈다. 불법 감청·녹음 등에 의하여 생성된 정보를 불법의 개입 없이, 즉 합법적으로 취득한 자가 진실한 사실로서 오로지 공공의 이익을 위해 그 내용을 공개하거나 누설한 경우까지 처벌하는 것으로 해석하는 한 헌법에 위반된다고 해석했다(2011. 8. 30. 2009헌바42).

누구나 자신의 의사에 반하여 얼굴을 비롯하여 일반적으로 특정인임을 식별할 수 있는 신체적 특징에 관하여 함부로 촬영당하지 아니할 권리가 있다. 특히 무단 촬영행위는 헌법 제10조로부터 도출되는 초상권을 포함한 일반적 인격권을 침해한다. 범죄자라 할지라도 원칙적으로 '범죄사실' 자체가 아닌 그 범죄를 저지른 자에 관한 부분은 일반 국민에게 널리 알려야 할 공공성을 지닌다고 할 수 없다.

이에 대한 예외는 극히 제한적이다. 1) 피의자가 공인으로서 국민의 알권리의 대상이 되는 경우, 2) 특정강력범죄나 성폭력범죄를 저지른 피의자의 재범방지 및 범죄예방을 위한 경우(특정강력범죄 처벌에 관한 특례법 제8조의2, 성폭력범죄의 처벌 등에 관한 특례법 제23조 참조), 3) 체포되지 않은 피의자의 검거나 중요한 증거의 발견을 위하여 공개수배의 필요성이 있는 경우 등에 극히 제한적으로 인정될 수 있을 뿐이다.

기자들에게 경찰서 내에서 수갑을 차고 얼굴을 드러낸 상태에서 조사받는 모습을 촬영할 수 있도록 허용하고 이러한 수사장면을 공개 및 촬영하게 한 것은 어떠한 공익 목적도 인정하기 어렵다. 피의자의 얼굴을 공개하더라도 그로 인한 피해의 심각성을 고려하여 모자, 마스크 등으로 피의자의 얼굴을 가리는 등 피의자의 신원이 노출되지 않도록 침해를 최소화하기 위한 조치를 취하여야 한다. 촬영 허용행위는 언론 보도를 보다 실감나게 하기 위한 목적 외에 어떠한 공익도 인정할 수 없다. 반면, 피의자로서 얼굴이 공개되는 경우 초상권을 비롯한 인격권에 대한 중대한 침해가 발생한다. 촬영한 것이 언론에 보도될 경우 범인으로서의 낙인 효과와 그 파급효과는 매우 가혹하여 인격권을 침해한다(2014. 3. 27. 2012헌마652).

그러나 헌법재판소는 범죄행위가 있는 경우 이에 대한 수사로서 증거를 확보하기 위해 촬영행위를 할 수 있다고 했다. 다만 경찰의 촬영행위는 일반적 인격권, 개인정보 자기결정권, 집회의 자유 등 기본권 제한을 수반하는 것이므로 수사를 위한 것이라고 하더라도 필요 최소한에 그쳐야 한다고 했다(2018. 8. 30. 2014헌마843).

성폭력범죄로 인한 피해는 사정에 따라 피해자에게 회복할 수 없는 육체적, 정신적 상처를 남길 수 있다. 형이 확정된 자들 중에서도 재범 위험성이 높은 자들에 대하여 일반 국민들에게 성폭력범죄자의 신상정보를 제공하고 있다. 헌법재판소는 성 폭력범죄자로부터 잠재적인 피해자와 지역사회를 보호하기 위해서는 신상정보 공개할 필요가 있다고 판결했다. 이에 대해 소수의견을 낸 재판관들은 "신상정보 공개제도는, 공개대상자의 정상적인 사회복귀 자체를 원천봉쇄할 위험이 크다. 가족들까지 함께 정신적 고통을 겪게 하거나 생활기반을 상실시키는 결과가 초래될 수도 있다. 그리고 공개대상자의 기본권이 심각하게 훼손되는 데 비해 그 범죄억지의 효과는 불확실하다"고 보았다. 결론적으로 성폭력범죄자의 인격권과 개인정보 자기결정권을 침해하므로 헌법에 위반된다고 보았다.

TV, 라디오 등의 방송매체가 공적 이해에 관계된 개인의 부정과 비리를 폭로하는 것은 언론의 자유로 허용된다. 그러나 그 보도, 논평 등으로 인해 개인이나 단체의 명예나 신용의 훼손, 성명권이나 초상권, 프라이버시 등의 인격권이 침해될 수 있다. 일정한 표현행위에 대한 가처분에 의한 사전방송금지청구는 언론의 자유가 실현되는 과정에서 개인이나 단체의 명예나 사생활 등 인격권이 침해될 수 있음이 명백한 경우 이를 보호하기 위한 것이다. 이에 대해 헌법재판소는 인격권 침해에 대한 실효성 있는 구제를 위하여서는 이미 발생하여 지속되는 언론의 침해행위의 정지·제거를 위하여 사전방송금지가처분은 적정하다고 판단했다.

헌법재판소는 반론권으로서의 정정보도권은 헌법상 보장된 인격권에 그 바탕을 두고 있다고 했다. 반론권은 보도기관이 사실에 대한 보도과정에서 타인의 인격권 및 사생활의 비밀과 자유에 대한 중대한 침해가 될 직접적인 위험을 발생시킬 경우 이를 보호하기 위한 것이다. 동시에 피해자에게 보도된 사실적 내용에 대하여 반박 기회를 허용함으로써 언론보도의 공정성과 객관성을 확보하고자 한 것이다. 헌법재판소는 언론기관에 의하여 일반적인 인격권이나 사생활의 비밀과 자유가 침해받은 피해자에게 인간의 존엄과 가치 및 사생활의 비밀과 자유권을 보호하기 위하여 신속하고 적절한 방어권이 주어져야 한다고 했다(헌재 1991. 9. 16. 89헌마165, 판례집 3, 518).

(3) 공중도덕이나 사회윤리 침해에 대한 제한

헌법 제21조 4항에 따라 표현의 자유는 공중도덕이나 사회윤리를 침해해서는 안된다. 표현내용이 사회윤리나 공중도덕을 침해할 경우 규제할 수 있다. 그러나 단순히 표현내용이 사회윤리나 공중도덕을 침해하였다는 이유만으로 표현에 대한 규제를 정당화할 수 없다. 표현내용이 의견과 사상의 경쟁 메커니즘에 의하여 그 해악이 해소될 수 있는 경우에는 표현의 자유를 보장하는 것을 원칙으로 한다. 그러나 표현의 해악이 처음부터 해소될 수 없는 성질의 것이거나 또는 다른 사상이나 표현을 기다려 해소되기에는 너무나 심대한 해악을 지닌 표현은 언론·출판의 자유에 의한 보장을 받을 수 없다. 특히 음란표현이 그렇다.

헌법재판소는 판례를 통하여 음란을 개념정의 하고 있다. 즉, "음란이란 인간존엄 내지 인간성을 왜곡하는 노골적이고 적나라한 성 표현으로서 오로지 성적 흥미에만 호소할 뿐 전체적으로 보아 하등의 문학적, 예술적, 과학적 또는 정치적 가치를 지니지 않은 것"이라고 정의하고 있다. (998. 4. 30. 95헌가

16 전원재판부, 판례집 10-1, 327-355). 음란 표현은 사회의 건전한 성도덕을 크게 해칠 뿐만 아니라 사상의 경쟁메커니즘에 의해서도 그 해악이 해소되기 어렵기 때문에 언론·출판의 자유에 의해 보장받을 수 없다. (1998. 4. 30. 95헌가 16 전원재판부, 판례집 10-1, 327-355)

헌법재판소와 대법원은 모든 성 표현물을 음란물로 보지 않는다. 단순히 저속하다거나 문란한 느낌을 주는 것만으로 음란물로 보지 않는다. 표현물을 전체적으로 보았을 때 인간의 존엄성과 가치를 심각하게 훼손 왜곡할 정도로 노골적으로 성적 부위나 행위를 적나라하게 표현한 것을 음란물로 보았다. 헌법재판소는 음란물에 대한 요건을 엄격하게 해석하여 표현의 자유를 최대한 보호하고 있다. 비록 음란표현이라 할지라도 음란표현이 문학적·예술적·사상적·과학적·의학적·교육적 가치와 결합하여 표현되어, 그 해악이 해소되거나 다양한 의견과 사상의 경쟁메커니즘에 의해 해소될 수 있는 등의 특별한 사정이 있다면, 이런 결합 표현물에 의한 표현행위는 공중도덕이나 사회윤리를 훼손하는 것이 아니라고 보았다(대법원 2017. 10. 26. 선고 2012도13352 판결 참조). 또한 유통 목적이 없는 음란한 영상 등의 단순 소유 등의 행위까지 제한하는 것이 아니다. 음란한 영상 등을 공연히 전시함으로써 이를 유통하는 행위만을 제한하고 있다.

대법원도 음란 판단을 위한 구체적 기준을 거의 일관되게 제시하고 있다. 대법원은 "문서의 음란성의 판단에 있어서는 당해 문서의 성에 관한 노골적이고 상세한 묘사서술의 정도와 그 수법, 묘사서술이 문서 전체에서 차지하는 비중, 문서에 표현된 사상 등과 묘사 서술과의 관련성, 문서의 구성이나 전개 또는 예술성·사상성 등에 의한 성적 자극의 완화의 정도, 이들의 관점으로 부터 당해 문서를 전체로서 보았을 때 주로 독자의 호색적 흥미를 돋구는 것으로 인정되느냐의 여부 등의 모든 점을 검토하는 것이 필요하다. 이들의 사정을 종합하여 그 시대의 건전한 사회통념에 비추어 그것이 '공연히 성욕을 흥분 또는 자극시키고 또한 보통인의 정상적인 성적 수치심을 해하고, 선량한 성적 도의관념에 반하는 것'이라고 할 수 있는가의 여부를 결정하여야 할 것이다"고 했다(대법원 1995. 6. 16. 선고, 94도1758 판결; 1995. 6. 16. 선고, 94도2413 판결 등).

한편, 미성년자를 유통 대상으로 하는 음란물, 아동·청소년이 등장하여 성교행위 등을 하는 내용의 아동·청소년 성 착취물, 당사자의 동의 없이 촬영·유통되는 음란물, 폭력 등 범죄에 해당하는 행위를 수반하는 음란물 등과 같이 불법성, 유해성이 명백한 음란물에 대한 규제는 합헌적이다. 그리고 성인이 합의하에 성기를 노출하여 행하는 일반적인 성교행위 등을 내용으로 하는 음란물 등을 성인에게 유포하는 것까지 금지하고 처벌하지 않는다.

그러나 헌법재판소는 정보통신망을 통한 음란한 화상 또는 영상을 공공연하게 유통하는 것을 금지하는 것은 표현의 자유를 침해하지 않는다고 판단했다. 정보통신망의 매체 특성상 매체에 접속한 사람이 적극적 수용 의사가 없는 경우에도 음란물에 노출될 수 있다. 이 경우 음란물에 노출된 사람은 불쾌감이나 고통을 느낄 수 있다. 또한 정보통신망을 통해 단순음란물이 성인에게서 미성년자에게로 다시 전파될 수 있다. 미성년자가 정보통신망을 통해 음란물에 불법적·탈법적 접근을 하는 것을 완벽하게 차단하기도 어렵다. 따라서 헌법재판소는 단순음란물이라 할지라도 정보통신망을 통하여 공공연하게 전시하여 유통하는 것은 금지할 수 있다고 판단했다(2023. 2. 23. 2019헌바305)

"음란"의 개념과는 달리 "저속"의 개념에 대해서는 다른 판단을 내리고 있다. 통상의 사전적 풀이에 따르면, "저속"이란 "품위가 낮고 속됨"이라고 풀이된다. 헌법재판소는 "저속이란 그 외설성이 음란에는 달하지 않는 성적 표현 뿐만 아니라 폭력적이고 잔인한 표현 및 욕설 등 상스럽고 천한 내용 등의 표현"이라고 정의하고 있다. "저속"의 개념은 우선 그 적용범위가 매우 광범위하다. 어느 정도의 성적 표현이 저속한 것인지, 어느 정도의 폭력성과 잔인성이 있는 경우에 저속에 해당되는지, 그리고 어느 정도 상스러운 표현이 저속에 해당되는지 도무지 알 수 없다.

따라서 저속이라는 개념을 바탕으로 한 규제는 표현의 자유를 과도하게 제한하는 위헌적인 입법이다. 저속한 표현은 음란표현과는 달리 언론·출판의 자유의 보호영역에 속하는 표현이며 일정한 사회적 가치를 지니고 있다. 이러한 표현을 전면 금지시키는 것은 특수한 상황에서 이를 정당화할 수 있는 중대한 이유가 있는 경우를 제외하고는 표현의 자유를 본질적으로 침해할 우려가 있다.

헌법재판소는 청소년의 건전한 심성을 보호하기 위해서 퇴폐적인 성 표현이나 지나치게 폭력적이고 잔인한 표현 등을 규제할 필요성을 인정한다. 따라서 저속한 표현을 규제하더라도 그 보호대상은 청소년에게 한정되어야 하고, 규제수단 또한 청소년에 대한 유통을 금지하는 방향으로 좁게 설정되어야 한다고 보았다.

예컨대, 청소년이 보아서는 안되는 저속한 표현물에 대해 등급표시를 하거나, 판매시 청소년의 접근을 차단하기 위하여 별도의 코너를 마련하는 등의 규제조치를 고려할 수 있다는 것이다. 청소년보호라는 명목으로 성인이 볼 수 있는 것까지 전면 금지 시킨다면 이는 성인의 알권리의 수준을 청소년의 수준으로 맞출 것을 국가가 강요하는 것이어서 성인의 알권리를 침해한다고 보았다(2008. 7. 31. 2007헌가4 전원재판부).

폐지된 영화진흥법 제21조 제3항 상영등급분류에서 '제한상영가 등급' 영화는 '상영 및 광고·선전에 있어서 일정한 제한이 필요한 영화'라고 되어 있었다. 이것은 위헌 판결을 받았다. 헌법재판소는 제한상영가 등급의 영화가 어떤 영화인지를 말해주기보다는 제한상영가 등급을 받은 영화가 사후에 어떠한 법률적 제한을 받는지를 기술하고 있다고 보았다. 즉, 제한상영가 등급이 필요한 이유와 제한상영가 등급의 영화를 규제하여야 하는 이유를 제시하지 않고 있다는 것이다. 따라서 제한상영가 등급에 관한 규정들은 헌법 제22조 학문과 예술의 자유 및 헌법 제37조 제2항 표현의 자유 제한 규정을 위반했다고 판단했다.

제한상영가 등급의 영화도 마찬가지로 헌법상 표현의 자유를 통하여 보호를 받는 표현물이다. 다른 등급의 영화에 비하여 상영이나 광고 등의 면에서 제한을 받고 있으므로 이에 해당하는 영화가 어떤 영화인지에 관하여는 법률이 명확하게 규정할 필요가 있다. 제한상영가 영화가 어떤 내용의 영화인지를 예측할 수 있도록 하려면 이러한 등급분류판정을 받은 후에 가해지는 법률적 효과가 아니라 그 영화 자체가 어떤 내용의 영화인지에 대한 정보를 법률 규정이 제공하고 있어야 한다. 그런데 이 규정은 그 자체로는 이에 대해 아무런 정보도 제공 하지 않고 있다.

청소년 관람불가 등급과 제한상영가 등급이 갈라지는 기준은 결국 음란성, 폭력성 등의 정도가 될 것인데, 그 정도라는 것이 구체적으로 어떠한 내용을 갖는지가 분명하지 않은 이상, 결국 등급분류의 권한을 가지고 있는 영상물등급위원회가 어떻게 정하느냐에 따라 결정된다. 이것은 영화의 등급을 판정하는 영상물등급위원회의 자의적인 권한행사를 가능하게 하여 표현의 자유를 침해한다는 것이 헌법재판소의 판단이다(2008. 7. 31. 2007헌가4 전원재판부)

이후 새로 제정된 <영화 및 비디오물의 진흥에 관한 법률> 제29조 2항 제5호 '제한상영가'는 '선정성, 폭력성, 사회적 행위 등의 표현이 과도하여 인간의 보편적 존엄, 사회적 가치 선량한 풍속 또는 국민정서를 현저하게 해할 우려가 있어 상영 및 광고·선전에 일정한 제한이 필요한 영화'로 변경되었다.

(4) 국가안보를 위한 제한

헌법 제37조 2항에 따라 국가안전보장을 위하여 표현의 자유를 법률로 제한할 수 있다. 이에 따른 대표적인 법이 국가보안법과 계엄법, 그리고 형법 90조의 내란선동죄다. 국가보안법 제7조의 찬양 고무죄는 표현의 자유와 충돌한다. 국가보안법상의 찬양 고무죄는 여러 차례 위헌 소송이 있었지만 합헌판결을 받았다. 계엄법 제9조에는 비상계엄지역에서 계엄사령관은 군사상 필요할 때에는 언론·출판·집회·결사 또는 단체행동에 대하여 특별한 조치를 할 수 있다고 규정하고 있다. 그리고 77조에는 비상계엄이 선포된 때에는 법률이 정하는 바에 의하여 언론·출판·집회·결사의 자유에 관하여 특별한 조치를 할 수 있다고 되어 있다.

계엄법은 1980년 이후 발동된 경우가 없고, 윤석열의 계엄선포도 2024년 12월 3일 23시에 선포되고 12월 4일 04시에 해제됨으로써 실질적인 언론통제가 이루어지진 않았다. 그런 이유인지 계엄법에 관한 헌법소원은 없었다. 따라서 여기서는 국가보안법과 내란선동죄를 중심으로 다루고자 한다.

국가보안법 제7조 제1항에는 ① 국가의 존립·안전이나 자유민주적 기본질서를 위태롭게 한다는 정을 알면서 반국가단체나 그 구성원 또는 그 지령을 받은 자의 활동을 찬양·고무·선전 또는 이에 동조하거나 국가변란을 선전·선동한 자는 7년 이하의 징역에 처한다고 규정하고 있다. 그리고 제5항에는 문서·도화 기타의 표현물 등 이적 표현물을 제작·수입·복사·소지·운반·반포·판매 또는 취득한 자도 처벌하도록 규정되어 있다.

국가보안법 제7조는 국가의 존립·안전이나 기본질서를 위태롭게 할 수 있는 '특정한 내용'을 담고 있는 표현물의 제작·유통·보관행위를 규제하고 있다. 그 표현물이 반드시 인쇄된 표현물에 한정되는 것은 아니다. 전파가능성이 있는 상태로 존재하는 동영상, 음성, 문서 파일을 포함한 일체의 전자매체 역시 그 내용이 국가의 존립이나 안전을 위태롭게 할 우려가 있다면, 처벌대상에 포함된다.

국가보안법상 "문서·도화 기타의 표현물"은 국가의 존립과 안전을 위태롭게 할 수 있는 내용을 담고 있어야 한다. 그런 위험성이 전혀 없는 표현물은 해당되지 않는다. 대법원도 표현물의 이적성 여부에 대한 판단기준을 제시하고 있다. 대법원은 "표현물의 전체적인 내용뿐만 아니라 그 작성의 동기, 표현행위 자체의 모습이나 형태, 외부와의 관련사항, 표현행위 당시의 정황 등 제반 사정을 종합하여 결정하여야 한다."(대법원 2012. 12. 27. 선고2010도1554 판결; 대법원 2013. 2. 15. 선고 2010도3054 판결 참조)고 판시하여, "문서·도화 기타의 표현물"의 범위를 엄격하게 해석하고 있다.

헌법재판소의 다수의견은 남북한 간의 대치상황에서 민주주의 근간을 흔들 수 있는 이적 표현물에 대한 국가보안법의 규제는 합헌적이라고 판결했다. 다만 헌법재판소는 이적 표현물에 대한 범위를 엄격하게 해석해야 하고 국가의 존립안전이나 자유민주적 기본질서에 실질적 해악을 줄 명백한 위험성이 있는 경우에 한해서 적용되어야 한다고 밝히고 있다(2015. 4. 30. 2012

헌바95·261, 2013헌가26, 2013헌바77·78·192·264·344, 2014헌바100·241, 2015헌가7(병합)).

따라서 단순한 학술연구나, 지적호기심의 충족 등을 위한 이적 표현물의 제작, 소지, 반포, 취득행위는 처벌되지 않는다. 즉, 이적행위를 목적으로 하지 않는 이적표현물에 대해서는 처벌할 수 없다. 대법원은 "행위자에게 이적행위의 목적이 있었다는 점은 검사가 입증하여야 한다. 이적 표현물임을 인식하고 이적 표현물 조항이 정하고 있는 행위를 하였다는 사실만으로 행위자에게 이적행위를 할 목적이 있었다고 추정해서는 안된다."(대법원 2010. 7. 23. 선고 2010도1189 판결 참조)고 판시했다.

위험성이 구체화되고 실제로 임박하여 현존하는 단계에서는 공권력 개입을 통한 국가의 안전과 존립이라는 중대한 법익을 지키기 어렵다. 구체적 위험이 임박하여 현존하지는 않더라도 그 위험성이 명백한 단계에서 공권력을 시의적절하게 발동하는 것이 국가의 안전과 존립, 국민의 생존과 자유를 보호하기 위해 불가피하다. 따라서 헌법재판소는 이를 표현의 자유나 양심의 자유에 대한 지나친 제한으로 볼 수 없다고 했다.

헌법재판소는 '동조' 행위에 대해서도 '반국가단체 등의 활동을 찬양·고무·선전'하는 것과 같이 평가될 정도로 적극적인 의사를 외부에 표시하는 정도에 이른 행위에 국한되므로, 그 위험성이 찬양·고무·선전 행위에 비해 결코 작지 않다고 보았다.

또한 헌법재판소는 이적표현물 소지·취득조항이 이념적 성향에 대한 처벌수단이나 소수자를 탄압하는 도구로 악용될 가능성은 거의 없을 뿐만 아니라, 최근 전자매체 형태의 이적 표현물이 증가하고 있어 이적 표현물을 소지·취득하는 행위를 금지할 필요성이 종전보다 더욱 커졌다고 보았다[2023. 9. 26. 2017헌바42·294·366·431·432·443, 2017헌가27, 2018헌바116·225, 2019헌가6, 2020헌바230(병합)].

그러나 이적행위 조항 중 '동조'라는 부분에 대해 재판관 김이수는 반대의견을 제출했다(2015. 4. 30. 2012헌바95·261, 2013헌가26, 2013헌바77·78·192·264·344, 2014헌바100·241, 2015헌가7(병합)).

첫째, 북한이 선전·선동하는 내용 중에서는 그 내용 자체로는 대한민국의 존립·안전과 자유 민주적 기본질서를 위협한다고 볼 수 없는 주장도 있다.

둘째, '반국가단체 등의 선전·선동 및 그 활동과 동일한 내용의 주장'에 대한 처벌은 과연 어떠한 내용의 주장까지를 처벌하는 것인지 그 경계를 알기 어렵다.

셋째, 수사기관이나 법원의 자의가 개입될 경우 통일·군사·안보문제에 관한 개인적인 견해를 표명하거나 정부의 대북정책을 정당하게 비판하는 경우까지도 처벌대상이 될 수 있어 그 처벌 범위가 지나치게 넓어질 수 있다.

넷째, '북한의 선전·선동 및 그 활동에 합치되는 행위'나 '반국가 단체 등의 활동에 호응·가세'한다는 것 역시, 정확히 어떠한 행위가 처벌 대상이 되는지 예측하기가 매우 어렵다.

다섯째, 어느 개인이 북한이 선전하는 내용과 동일한 주장을 하거나 그에 합치하는 행동을 한다고 하여 그것만으로 국가의 존립·안전이나 자유민주적 기본질서에 실질적 해악을 끼칠 명백한 위험성이 발생할 가능성은 현실적으로 거의 없다.

여섯째, 동조행위는 소극적이고 수동적인 행위로 영향력이 적다. 따라서 반국가단체 등에 대한 동조행위를 처벌하는 것은 실질적으로는 그러한 주장과 행위로 인한 외부적 위험성을 이유로 처벌하는 것이 아니라 그 주장과 행위의 내용 자체를 문제 삼아 처벌하는 것과 다를 바가 없다. 이는 우리 사회의 주류적 견해와 다른 불온하고 위험한 견해라는 이유로 특정 사상이나 견해의 표명을 금지하고 억압하는 것이다.

일곱째, 형법과 국가보안법은 반국가단체 등의 활동에 대한 표현행위 중 국가의 존립·안전이나 자유민주적 기본질서에 실질적 해악을 끼칠 명백한 위험성이 있는 표현행위에 대한 처벌규정을 이미 충분히 갖추고 있다. 여기에 더하여 굳이 동조행위까지 처벌할 필요성이 인정되지 아니한다.

이런 이유로 김이수 재판관은 이적행위 조항 중 '동조' 부분은 과잉금지원칙에 반하여 표현의 자유 및 양심의 자유를 침해하므로 헌법에 위반된다고 했다.

그리고 김이수 재판관, 이진성 재판관, 강일원 재판관은 이적표현물 조항 중 '소지 취득한 자' 부분에 대해서 다수의견에 대한 반대의견을 냈다(2015. 4. 30. 2012헌바95·261, 2013헌가26, 2013헌바77·78·192·264·344, 2014헌바100·241, 2015헌가7(병합)).

첫째, 이적표현물의 소지·취득행위는 양심형성의 자유의 보호영역에 속한다. 이러한 양심형성의 자유는 외부의 간섭과 강제로부터 절대적으로 보호되는 기본권이다. 이적 표현물의 소지·취득행위를 통해 형성된 양심적 결정이 외부로 표현되고 실현되지 아니한 단계에서 이를 처벌하는 것은 허용되지 아니한다.

둘째, 이적 표현물의 소지·취득행위는 그 자체로는 대외적 전파가능성을 수반하지 않는다. 따라서 국가의 존립과 안전에 어떠한 위해를 가할 가능성이 있다고 보기 어렵다.

셋째, 이적 표현물을 소지·취득한 자가 이를 유포·전파할 수도 있다는 가능성은 막연하고 잠재적인 가능성에 불과하다. 유포·전파행위 자체를 처벌함으로써 이적표현물의 유통 및 전파를 충분히 차단할 수 있다. 소지·취득행위를 미리 처벌하는 것은 과도한 규제이다.

넷째, 이적 표현물을 소지·취득한 사람에게 이적행위를 할 목적이 있었는지 여부에 대한 인정 기준은 매우 추상적이고 주관적이며 불확실하다. 행위자의 과거의 전력이나 평소의 행적을 통하여 추단되는 이념적 성향만을 근거로 하여 이적표현물을 소지·취득하고 있다는 사실을 문제 삼아 수사기관이나 법원이 자의적으로 처벌하는 것이 가능하다. 반대자나 소수자를 억압하는 수단으로 위 규정이 오·남용될 가능성도 배제할 수 없다.

다섯째, 이적 표현물의 소지행위는 계속범에 해당하므로, 이적 표현물을 취득한 후에 계속 소장하고 있으면 취득 시점으로부터 수십 년이 지난 후에도 처벌될 수 있어 사실상 공소시효가 의미없다. 자신이 그러한 표현물을 소지하고 있었는지 모르는 상태에서 처벌되는 경우도 발생할 수 있다.

이런 이유로 이들 재판관들은 이적표현물 조항 중 '소지·취득한 자' 부분은 표현의 자유와 양심의 자유를 침해하므로 헌법에 위반된다고 판단했다(2015. 4. 30. 2012헌바95 · 261, 2013헌가26, 2013헌바77·78·192·264·344, 2014헌바100·241, 2015헌가7(병합)).

소수의견으로 재판관 김기영, 재판관 문형배, 재판관 이미선은 이적표현물 조항 전체를 위헌이라는 의견을 냈다[2023. 9. 26. 2017헌바42·294·366·431·432·443, 2017헌가27, 2018헌바116·225, 2019헌가6, 2020헌바230(병합)]

이들은 "'찬양', '고무', '선전', '동조' 행위는 어떠한 대상에 대한 적극적 혹은 소극적인 지지의 태도를 나타내는 행위일 뿐 국가의 존립·안전이나 자유 민주적 기본질서의 전복이나 폐지를 도모하거나 결의하는 행위가 아니다. 그리고 구체적이고 임박한 위험이 즉각적으로 현실화될 가능성도 높지 않다. 더욱이 현재의 정보통신망은 양방향 소통을 전제로 하고 있어, 전자매체 형식으로 유통되는 이적 표현물의 경우 오히려 사상의 자유경쟁 시장에서 신속하게 검증되고 배제될 수 있다. 또한 이적 행위로 인해 구체적 위험이 임박한 경우에는 형법상의 내란죄 혹은 그 미수죄, 내란의 예비·음모·선동·선전죄 등을 통해 이를 처벌할 수 있어, 이적 행위 조항을 통한 별도의 처벌 필요성도 크지 않다. 이 조항은 국가의 존립·안전이나 자유 민주적 기본질서에 실질적 해악을 끼칠 구체적인 위험이 발생하지 아니한 경우에도 이를 처벌대상에 포함시킴으로써, 대다수 시민의 정당한 의사표현 내지 그 전제가 되는 양심과 사상의 형성을 위축시키고 제한하고 있다. 이는 우리 헌법의 근본이념인 자유민주적 기본질서에 부합한다고 보기 어렵고, 표현의 자유 및 양심의 자유 내지 사상의 자유를 침해하는 것으로 헌법에 위반된다"고 했다

형법 제90조 내란선동죄에는 '대한민국 영토의 일부에서 국가권력을 배제하거나 국헌을 문란하게 할 목적으로 폭동을 일

으킬 것을 선동한 자'에 대해 2년 이상 유기징역에 처하도록 하고 있다. 내란선동죄는 국가의 기본조직을 폭력적으로 변혁할 것을 목적으로 하는 집단적 행위로부터 국가의 존립과 헌법질서를 보호하기 위한 것이다(대법원 2015. 1. 22. 선고 2014도10978 판결 참조).

헌법재판소는 내란 선동 표현 활동이 민주적 기본질서에 위배된다고 판단하기 위해서는 단순히 언사에 그쳐 위험의 경향성이나 추상적인 해악의 가능성을 나타낸 것만으로는 부족하다고 했다(2014. 12. 19. 2013헌다1). 표현의 자유가 가지는 한계를 넘어 민주적 기본질서에 대하여 실질적인 해악을 끼칠 구체적 위험을 야기하는 경우여야 한다는 것이다.

실질적 해악을 끼칠 구체적 위험을 야기하는 경우에 해당하기 위해서는 적어도 발언 내용이 구체적으로 실현될 가능성이 있어야 하고, 그러한 위험은 명백하고 임박해야 한다. 즉, 표현 내용이 실현될 가능성이 없거나, 표현과 위험 사이의 근접성이 인정되지 않는 경우라면 실질적 해악을 끼칠 구체적 위험성이 부정된다. 발언 내용에 나타난 위험이 실현 가능한 것인지, 그러한 위험이 임박하여 민주적 기본질서에 실질적 해악을 끼칠 구체적 위험성이 있는지 나아가 판단할 필요가 있다(2014. 12. 19. 2013헌다1).

(5) 질서유지를 위한 제한

헌법 제37조 2항에 따라 질서유지를 위하여 표현의 자유를 법률로 제한할 수 있다. "질서유지"는 헌법의 기본질서유지 이외의 타인의 권리유지, 도덕질서유지, 사회의 공공질서유지 등 공공의 안녕질서를 의미한다((1993. 5. 13. 91헌바17 헌법재판소 전원재판부). 결국 헌법재판소의 이 정의는 헌법 제37조 2항의 자유 제한 조건을 모두 포함하고 있다. 이미 헌법질서유지(국가안보), 타인의 권리유지, 도덕질서유지(공중도덕이나 사회윤리)는 다루었기 때문에 여기서는 공공질서유지를 위한 표현자유 제한만 다루고자 한다.

공공질서유지를 위한 법률적 제한규정으로 가장 잘 드러나고 있는 것은 집회 및 결사의 자유에 대한 제한이다. 헌법 제21조에는 집회결사의 자유를 갖는다고 밝히고 있다. 헌법은 타인과의 의견 교환을 위한 기본권인 표현의 자유, 집회의 자유, 결사의 자유를 국민의 기본권으로 보장하고 있다. 집회의 자유에는 집회를 통하여 형성된 의사를 집단적으로 표현하고 이를 통해 불특정 다수인의 의사에 영향을 줄 자유가 포함된다(헌재 2014. 3. 27. 2010헌가2등 참조). 이러한 집회의 자유는 현대사회에서 의사표현의 통로가 봉쇄되거나 제한된 소수집단에게도 의사표현의 수단을 제공한다. 따라서 집회의 자유는 대의제 자유민주국가의 필수적 구성요소다.

그러나 집회 자유의 행사는 다수인의 집단적인 행동을 수반하므로, 의사표현의 수단으로서 개인적인 행동의 경우보다 공공의 안녕질서나 법적 평화와 마찰을 빚을 가능성이 크다. 특히 옥외집회나 시위는 일정한 옥외장소나 도로를 사용함으로 교통소통 장애와 공공질서의 혼란을 초래할 가능성이 높다. 이런 집회 시위에 대한 특성에 따라 "적법한 집회 및 시위를 최대한 보장하고 위법한 시위로부터 국민을 보호함으로써 집회 및 시위의 권리 보장과 공공의 안녕질서가 적절히 조화되게 할 목적"으로 <집회 및 시위에 관한 법률>(이하 집시법)이 제정되었다.

집시법이 만들어진 목적에서 보듯이 <집시법>은 공공의 안녕질서와 가장 밀접하게 관련되어 있다. 그에 따라 집시법에 대한 규제의 정당성은 집회 및 시위의 자유를 보장하면서도 공공의 안녕질서를 보호하는 것이다. 질서유지를 위한 표현자유 규제는 집시법에서 가장 잘 드러난다.

집시법 제10조에는 "누구든지 일출시간 전, 일몰시간 후에는 옥외집회 또는 시위를 하여서는 아니된다. 다만, 집회의 성격상 부득이하여 주최자가 질서 유지인을 두고 미리 신고하는 경우에는 관할 경찰관서장은 질서유지를 위한 조건을 붙여 일출시간 전, 일몰시간 후에도 옥외집회를 허용할 수 있다"고 규정했다.

헌법재판소는 2010년까지 "일반적으로 야간의 옥외집회·시위는 주간의 옥외집회·시위보다 질서유지가 어렵다. 따라서 그만큼 공공의 안녕질서에 해를 끼칠 개연성이 높다. 심리학적으로도 야간에는 주간보다 자극에 민감하고 흥분하기 쉬워서 집회 및 시위가 본래의 목적과 궤도를 이탈하여 난폭화 할 우려가 있다. 또 한 불순세력의 개입이 용이하며 이를 단속하기 어려운 점 등 여러 가지의 특성이 있다"면서 합헌 결정했다(1994. 4. 28. 91헌바14 헌법재판소 전원재판부)

이에 대해 재판관 변정수는 반대 의견을 통해 "야간의 옥외집회·시위라 하여 무조건 전면 금지시켜야 할 만큼 그것이 공공의 안녕질서를 침해할 우려가 있다고 보는 것은 전혀 합리성을 결여한 것으로 행정 편의주의 입법이다. 우리 헌법이 주간·야간을 구별하지 아니하고 집회에 대한 허가제를 금지하고 있다. 야간의 옥외집회·시위라 하여 전면금지를 원칙으로 할 것이 아니라 국가안전보장·질서유지·공공복리를 위하여 부득이한 경우에 한하여 예외적으로 금지하는 것이 헌법정신에 부합한다. 특히 국민의 대다수를 차지하는 일반 직장인들의 만남은 퇴근 후의 일몰시간 후이거나 출근 전의 일출시간 전일 수밖에 없는 현실에 비추어 볼 때 야간의 옥외집회·시위를 전면적으로 금지시키는 것을 원칙으로 하는 것은 국민의 편의를 도외시한 지나친 제약이다"면서 위헌 판결의견을 냈다.

이런 변정수의 위헌의견은 2014년 집시법 제10조 위헌 제청에서 받아들여졌다. 위헌 제청에서 헌법재판소는 "집시법 제10조 본문에 의하면, 낮 시간이 짧은 동절기의 평일의 경우, 직장인이나 학생은 사실상 시위를 주최하거나 참가할 수 없게 되는 등 집회의 자유가 실질적으로 박탈되는 결과"가 초래될 수 있다면서 위헌 판결했다. 물론 야간시위 금지는 위헌적인 부분과 합헌적인 부분이 공존한다. 헌법재판소는 일반적인 옥외집회나 시위에 비하여 높은 수준의 규제가 불가피하다는 것도 인정하고 있다. 그러나 이미 보편화된 야간의 일상적인 생활의 범주에 속하는 '해가 진 후부터 같은 날 24시까지의 시위'에 적용하는 한 헌법에 위반된다는 것이다(2014. 3. 27. 2010헌가2, 2012헌가13(병합))

집시법에는 옥외집회 및 시위의 경우 관할경찰서장으로 하여금 최소한의 범위에서 질서 유지선을 설정할 수 있도록 하고 있다. 질서 유지선은 집회 장소의 외곽경계를 설정하여 시위 및 집회를 최대한 보호하고 질서유지나 원활한 교통 소통을 위한 것이다. 질서유지선의 경우 집회 목적, 주체, 집회장소의 위치 및 면적, 질서유지선 설정의 방법 등에 비추어 그 설정범위는 "최소한의 범위"여야 한다. 헌법재판소는 "최소한의 범위"란 "집회나 시위 참가자들의 집회의 자유 및 참가자들의 안전을 보호함과 동시에 일반인의 통행이나 원활한 교통소통, 또는 물리적 충돌 방지 등 공공의 질서유지를 달성하기 위하여 필요한 한도에서 가능한 적은 범위로 해석"해야 한다고 말하고 있다 (2016. 11. 24. 2015헌바218).

(6) 공공복리를 위한 제한

헌법 제37조 2항에 따라 공공복리를 위하여 표현의 자유를 법률로 제한할 수 있다. 공공복리의 사전적 의미는 "사회 구성원 전체에 두루 관계되는 복지"라고 되어 있다. '공동의 이익을 발생'시키는 공익과도 유사한 개념이라 할 수 있다. 헌법재판소는 공익에 대해 "대한민국에서 공동으로 사회생활을 영위하는 국민 전체 내지 대다수 국민과 그들의 구성체인 국가사회의 이익을 의미한다"고 규정하고 있다(2010. 12. 28. 2008헌바157, 2009헌바88(병합)).

헌법재판소는 예민한 정치적, 사회적 이슈에 관한 표현들(예컨대, 징집반대, 양심상의 집총거부, 통일문제 등에 관한 표현)이 "공공의 안녕질서"를 해하는 것으로 규제된다면, 표현행위가 위축되어, 열린 논의의 가능성은 원천적으로 배제되어 표현자유의 본질적 기능이 훼손된다고 보았다(2002. 6. 27. 99헌마480 전원재판부).

민주주의 사회는 다원성과 가치상대주의를 이념적 기초로 한다. "공공의 안녕질서"와 같은 상대적이고 가변적인 개념을 잣대로 표현의 허용 여부를 국가가 재단하면 안된다. 그렇게 되면 언론과 사상의 자유시장이 왜곡되고, 정치적, 이데올로기적으로 악용될 수 있다. 더욱이 집권자에 대한 비판적 표현은 "공공의 안녕질서"를 해하는 것으로 쉽게 규제될 수도 있다. 민주주의에서 어떤 표현이나 정보의 가치 유무, 해악성 유무를 국가가 일차적으로 재단해서는 안된다. 시민사회의 자기교정 기능, 사상과 의견의 경쟁메커니즘에 맡겨야 한다(헌재 1998. 4. 30. 95헌가16, 판례집 10-1, 327, 339-340),(2002. 6. 27. 99헌마480 전원재판부).

이런 논리에 따라 헌법재판소는 전기통신기본법 제47조 제1항 '공익을 해할 목적으로 전기통신설비를 이용하여 공연히 허위사실을 통신한 자를 형사처벌'하도록 한 규정을 위헌이라고 결정했다. "공익" 개념은 추상적이다. 무엇이 공익인지 아닌지 사람의 가치관과 윤리관에 따라 다를 수 있다. 사람마다 어떤 표현행위가 공익을 위한 것인지, 해하는 것인지에 서로 판단이 다를 수 있다. 특히 현대의 다원적이고 가치상대적인 사회에서는 더 판단하기 어렵다. '공익' 개념이 모호하고 추상적일 뿐 아니라 의미가 너무 포괄적이라, 법률로서 갖추어야할 명확성이 떨어진다는 것이다. 자신의 표현이 법률에 위반되는지 아닌지 확신할 수 없다면, 스스로 자기검열을 통하여 표현의 자유가 위축될 수 있다. 제재에 대한 두려움으로 표현의 자유가 위축된다면 표현의 자유 기능이 훼손될 수밖에 없다(2010. 12. 28. 2008헌바157, 2009헌바88(병합)).

표현의 자유에 대한 보호가치가 낮은 반면에 표현자유에 대한 규제로 인해 공익이 매우 크다면 그 제한은 정당하다. 혐오표현은 표현의 자유 영역에 속하기는 하나 표현의 자유로 보호할 가치는 크지 않다. 차별·혐오표현은 민주주의를 위하여 허용되는 의사표현이 아니다. 그리고 '타인의 인권을 침해'한다. 이것은 민주주의의 표현시장에서 허용되는 한계를 넘는다. 따라서 민주주의 의사형성의 보호를 위해서도 제한될 필요가 있다. 이런 제한은 공익이 매우 중대하고 큰 반면에 그 보호가치는 매우 낮다.

헌법재판소도 판례를 통하여 차별 혐오표현에 대한 규제는 정당하다고 판결했다. 서울특별시 학생인권 조례 중 "학교운영자나 학교의 장, 교사, 학생 등으로 하여금 성별, 종교, 나이, 사회적 신분, 출신지역, 출신국가, 출신민족, 언어, 장애, 용모 등 신체조건, 임신 또는 출산, 가족형태 또는 가족상황, 인종, 경제적 지위, 피부색, 사상 또는 정치적 의견, 성적 지향, 성별 정체성, 병력, 징계, 성적 등의 사유로 한 차별적 언사나 행동, 혐오 표현 등을 통해 다른 사람의 인권을 침해하지 못하도록 한 규정"은 헌법에 위반되지 않는다고 했다. 제한되는 표현은 타인의 인권을 침해하는 표현으로 그 보호 가치가 매우 낮은 반면에, 그 규제로 인한 공익이 더 크다고 보았다(2019. 11. 28. 2017헌마1356).

참고문헌

문종대(2021), “이성과 언론자유: 언론자유의 이성적 실천에 대한 성찰”, <지역과 커뮤니케이션> 25(1), 부산울산경남언론학회

______(2018), <표현의 자유와 권리>, 신아사

______(2015), “언론사 :역사와 철학의 만남과 어긋남”, <한국언론정보 학보> 73, 한국언론정보학회

______(2014), “J.S. Mill의 자유원리에 대한 고찰”, <인문사회과학연구> 15(3), 부경대학교 인문사회연구소.

______(2004), “존 밀턴의 언론자유 사상‘ <한국언론학보> 48(1), 한국언론학회

______(1998), “언론자유의 개념정의 및 실현조건에 관한 연구”, <언론학연구> 2, 부산경남언론학회

박영철(2015), <헌법학 개론>, 대명출판사

박용상(1997), <언론과 개인법익>, 조선일보사

박상익(1987), <아레오파기티카- 완역, 주석 연구서- >, 소나무

박승호(2023), <헌법학 개론>, 박영사

양건(2018), <헌법강의>, 법문사

이인호(2012), “야간집회금지 헌법불합치결정에 대한 비판적 고찰”, <헌법실무연구> 12권

Jan Oster(2015), 한영학/이재진 역(2017), <미디어 자유는 기본권이다>, 커뮤니케이션북스

Jean-Jacques Rousseau, 김영욱 번역(2022), <사회계약론>, 후마니타스

John Locke, 주영현 옮김(2011), < 인간지성론>, 동서문화사

________, 강정인· 문지영 번역(2022), <통치론>, 까치

John Stuart Mill(1859), 서병훈 역(2008), <자유론>, 책세상

Thomas Hobbes, 최공웅 최진원 번역(2021), <리바이어던>, 동서문화사

문종대

서강대학교 신문방송학과 졸업
서강대학교 신문방송학과 석사, 박사
동의대학교 인문대 학장 역임
한국언론정보학회 학회장 역임
현)동의대학교 미디어커뮤니케이션학과 교수

표현의 자유와 헌법
초판 1쇄 발행 _ 2025년 3월 14일

저 자 · 문 종 대
발행인 · 정 현 걸
발 행 · 신 아 사
인 쇄 · 삼일문화
주 소 · 서울특별시 은평구 통일로 59길 4 (2F)
전 화 · (02) 382-6411 팩스 · (02) 382-6401
홈페이지 · www.shinasa.co.kr
E-mail · shinasa@daum.net
출판등록 · 1956년 1월 5일 (제 9-52호)

ISBN 979-11-7342-75-7 (03300)

정가 10,000원

이 저서는 2022학년도 동의대학교 연구년 지원에 의하여 연구되었음